两岳铸剑

张建中 著

河南人民出版社

嵩山

兩嶽鑄劍

张鹏

张 建 中
ZHANG JIAN ZHONG

1965年5月中国人民解放军取消军衔留影

任林凤同志1960年在江苏无锡棉纺织厂学习留影

1966年元旦结婚照

1982年在济南军区装甲兵大院全家合影

1986年3月，陪同迟浩田政委视察通信团

1991年10月，陪同朝鲜人民军歌舞团在济南访问演出，与歌舞团团长合影

1995 年 10 月，国防大学十一期一班同学在古田会议纪念馆留影。（左起：葛铁德、秦卫江、张建中、晁福环、杨跃斌、王福海、苟新华、何春喜、王侃、李家祥）

1997年10月，出席党的十五次全国代表大会

1997 年 11 月，为汤阴县维护军人军属合法权益“巡回法庭”题词“巡回法庭、利国利民”

1998年7月，在新疆大草原

1998年7月，与任林凤在新疆大草原

2010年8月，在上海世博会台北馆留影

1999年8月，与任林凤在西藏布达拉宫前留影

1999年10月，与冯玉常一家在北京天安门前留影

1999年10月，与沭阳县委书记薛甫伦参加李圩小学新校区落成典礼致词

2000年春节，与母亲在郑州家留影

2002 年 1 月，河南省国防教育基地落成，接受河南电视台采访

2000年6月，在漯河双汇食品厂检查工作，与董事长万隆同志交流

2000年8月，参加南街村民兵阅兵（右一为村党委书记王宏斌）

2001年4月，参加洛阳牡丹节留影

2001年5月，在开封与市委书记孙全砀检阅民兵队伍

2001年8月，咱家铁树开花啦！

2002年6月，快乐的奶奶与幸福的孙子洋洋

2002年8月，在漯河沙澧河抗洪一线，与市委书记在分析汛情

2002年7月，随国防大学军事代表团访问波兰，与波兰国防大学校长互赠纪念品

2003 年 9 月，随解放军友好参观团在匈牙利军营，与正在训练的士兵交谈

1999年5月，到洛阳军分区检查民兵训练

2002年10月，在沭阳中学80周年校庆致贺词

2005年7月，在中州宾馆与文学泰斗文怀沙先生交谈

2008 年 12 月，海峡两岸老将军文化联谊活动在厦门举行，与台湾地区陆军原司令、江苏藉上将陈霆宠合影

2012年12月，在海口观澜湖高尔夫球会，获一杆进洞奖杯

2012年10月，70岁生日家庭合影

2012年7月，在香港

2012年11月，战友美国之旅（右起：祝雨旺、李文忠、张建中、李中亚）

2016年8月，赴俄罗斯旅游，在莫斯科红场留影（左起：刘子龙、刘启刚、高方斌、张建中、杨佳鑫、杨乔刚）

在莫斯科克里姆林宫广场休闲留影

2016 年 10 月，金婚纪念，相濡以沫

张丽萍家庭合影

张民家庭合影

张威家庭合影

2017年6月，在济南，全家福

前　言

在中国人民抗日战争最艰苦的年代，我出生在苏北一个非常偏僻的乡村。日本惨无人道的暴行，在我幼小的心灵留下了仇恨的烙印。

解放战争时期，苏北是游击区，经常出现“还乡团”，当地老百姓称他们为“二鬼子”。“二鬼子”就是投靠日寇、国民党的汉奸、土匪、叛徒。日本鬼子、国民党“扫荡”时他们积极配合，趁火打劫，欺压百姓。虽然他们是本地人，但是比日本鬼子、国民党兵还要坏。由于我父亲参加革命，我的家多次被“二鬼子”烧、抢过。我的童年就是在这个极其恶劣的社会环境下成长的，从小心灵就埋下翻身求解放的种子 。

全国解放后，我是当地第一批进学堂读书的学生。自此，我发奋学习，决心为父母争气，为家乡争光，为新中国建设贡献力量。在学校我是努力学习的优等生，参军后，在各个岗位勤奋工作，不负重托，从战士到将军。

近几年，我创作编写了《和平树下》《手持橄榄》《时代音符》《时代余音》《怡心集》和《河南省国防教育丛书》等6部著作，记录了我来河南工作、生活、出访等基本情况。我手头还有很多学习、工作的资料，我想把它续起来，这就是我整理这本书的初衷。

我这不叫回忆录，论我的资历没有写回忆录的本钱，个人回忆录还往往有自我表扬、为个人树碑立传之嫌，我这只算是在军队工作几十年的纪实吧。

在军队工作、生活这50多年，我基本都在山东、河南两省所辖地。东岳泰山是山东的标志，中岳嵩山是河南的标志。因此我以《两岳铸剑》记录我在这两地部队工作生活50多年的史实，也是我一生的反思和感悟，以此为战友、朋友、亲友留下一点资料。

整理这份资料是很艰难的，不像在职工作时由机关或秘书代笔，退休后完全靠自己爬格子了。几十年的经历要想出来、悟出来、写出来确实是件难事，但我在战友的帮助和鼓舞下，在家属和子女们的支持下，还是坚持完成了这一夙愿。由于年代久远，个人视角和水平有限，书中肯定有不少错误和不实之处，恳请诸君给予批评指正。

张建中

2016年10月于郑州

目 录

第一章　童年的回忆

江苏省沭阳县是全国人口较大的县份之一，1952 年，全国第一次人口普查时就是百万人以上的大县。沭阳县地属黄淮平原，土地平衍，成陆较早。境内河渠纵横，气候温和，土地肥沃，四季分明，具有优越的自然条件，适合农牧业发展和人口居住，历史上就是苏北平原的重要农牧产品基地，也是沭阳人口众多的重要原因之一。

1940 年 8 月下旬，沭阳县抗日民主政府率先建立，从此，全县人民在中国共产党的领导下，抓紧根据地建设，成为苏北较早的我党领导下的抗日根据地。从 1942 年初开始，日本法西斯企图彻底摧毁苏北抗日根据地，加紧了“清剿”“蚕食”“伪化”的侵略活动。1942 年 7 月 20 日黎明，离我家不远的桑墟日军据点出动了 300 多名日伪军，大举向西北方向进行“扫荡”。沭阳军民在县委的领导下，进行了艰苦卓绝的反“扫荡”斗争，在新四军的支持下，为保卫淮海根据地，保卫自己的家乡做出了重要贡献。

出生在反“扫荡”时期

在日伪军对我家乡进行“扫荡”，当地军民反“扫荡”的大动乱日子里，农历 1942 年 10 月 18 日，我出生在沭阳县和睦乡李圩村河哨庄一个简陋的茅草屋内。据母亲讲：我出生 7 天时，日本鬼子又一次对我们村庄进行“扫荡”。当时天下着雨，乡村小路泥泞，母亲抱着我，“小脚”艰难地行走“跑反”，躲避日本鬼子的抓捕。一次在即将和日本鬼子相遇时，母亲急中生智，躲进一片未收割的庄稼地。当时，庄稼地还淤积着脚面深的水，日本鬼子的嘶叫声、马蹄声，仿佛就在身边。为了防止敌人发现我们，当我啼哭时，母亲用乳头堵住我的嘴。母亲说，在生我的日子里，没有安静地吃过像样的一顿饭，有时连水都喝不上。当时我的大姨妈家所在的池庄村离我们家 10 来里路，她看到我们家中这种艰难处境，以我出生向我们家贺喜吃“百家饭”为名，向庄上各邻居家借粮食。母亲拖着虚弱的身体，为了维持家中生活，在我还没满月时，就背上粪箕（筐）和锄头上坡挖茅草，回家烧火做饭。据说，当时我们和小叔张永奎家合伙养一头牛，我们家没草喂养，他们照顾我们，由他家单独喂养，不再轮流，但烧火做饭只能靠挖茅草根来解决。母亲讲，一次在日本鬼子进村“扫荡”时，在我家用刺刀对准我的胸膛，吓得我浑身哆嗦，脸色发黄。一个汉奸说：“这孩子像生病一样，不刺死他也活不了几天。”临走时，日本鬼子把我家的锅屋放火烧了。

母亲撑起这个家

对祖辈我知道得不多，对爹爹我也没有印象，奶奶在我记事时因终日劳累50多岁即弯腰驼背了，家中的事她还要管着。对父辈我是了解的。据老人们讲，因生活所迫，父辈只存活兄妹三人。大爷张永乐在当地是个能说能干的庄稼人，谁家有事他都去说说、评评道理，庄上人送他外号“尖嘴”。由于父亲张永贤从小上学，后来参加革命，一直没呆在家，大爷是我们家中的顶梁柱。小姑出嫁在李圩，姑父李增科是小学教师。大爷家有三个孩子，我家是兄妹五个。由于父辈没有分家，我们堂兄妹都是排行称呼的。男孩中我是老大，下面还有三个弟弟，女孩姐妹四人。20世纪60年代初父辈分家后，我的家庭完全由母亲当家做主。

据母亲讲：父亲结婚后还上了一年中学，第二年下学后，就被徐殿高、徐春高兄弟二人介绍参加地下党组织。在那白色恐怖的年代，共产党的活动要求保密性强，善良的母亲也不知道什么是共产党，只知道八路军好、国民党坏。父亲加入地下党组织后，母亲说他经常晚上出去开“黑会”，也不知道干的是什么事，有时还免不了和父亲发生口角。母亲还经常唠叨，叫父亲不要干坏事。

1946年，父亲参加了八路军，参军不久即随部队北撤山东。父亲参军后他参加革命的身份就公开了。当地以赵××为首的国民党伪政权、“还乡团”知道后，纠集地方土豪劣绅把我家的粮食扒光了，草和房屋烧光了，还把我大爷张永乐吊在家门前的树上打得皮开肉绽，要他劝说我父亲回来投降国民党，不然就斩草除根。无奈之下，母亲将出嫁时娘家陪送的16块大洋全部拿出给我大爷做盘缠。我大爷知道这钱沉甸甸的，这是救命的钱啊！大爷无奈之下就提着篮子，手拿水瓢，一路上冲破敌人多道关卡，一边讨饭，一边打听父亲的消息。

到了山东郯城找到父亲所在部队的领导后，大爷向父亲和所在部队的领导诉说家乡的土豪劣绅对我们家的压榨后，父亲坚定地说："国难当头，匹夫有责，既然我跟着共产党，我就坚定地在这条路上走下去。日本鬼子已经投降了，国民党统治的时间也不会太长。"父亲千叮咛万嘱咐，要大爷回家路上保重，把我奶奶照顾好。并叫我母亲耐心等待，拉着我好歹地过日子，他会活着回去的。当时，家中生活相当艰难。

大爷从郯城回家后，故意装着没有找到我父亲，当时的土豪劣绅几乎天天带着枪到我家威胁。母亲说："当时是今天活着，明天还不知道到哪去呢?"这个家大爷是不能呆了，只好出远门给人打长工。家里没有男人了，只有奶奶、大娘、母亲、堂姐和我们小姊妹，母亲在家生活更加艰难，当地土豪劣绅头子赵××、张××等人三天两头提着枪到我家，要我家出去找人。母亲说："他大爷（比做我的称呼）去山东这么长时间没找到，你叫我娘儿们到哪里去找人啊?"在他们的威逼下，母亲只好丢下我们家中老小，一边讨饭，一边往东乡找我大爷。为了安全，母亲脸上还故意抹了锅底灰，破衣褴褛地提着篮子走了。当路过桑墟大桥时，母亲发现桥上桥下都是正在洗澡和没洗澡的国民党兵，河边还站放着打开刺刀的枪支。

父亲没找到，我大爷也没回来，地方伪政权更加对我们家残酷压榨。母亲非常坚强，为了维系这个家的生存，她起早贪黑，披星戴月，白天为地主家锄地打工，夜里还要赶做布鞋到集市上卖。据说，当时一双布鞋能卖两块大洋，母亲利用二至三个晚上就可以做好一双布鞋。当时一亩地要 20 块大洋就能买到，大约

10 双左右布鞋就可以买一亩地。就这样，一两年下来，母亲利用卖鞋和为地主打工的钱买了四五亩地，家中有了基本的生活来源。

我对母亲印象最深刻的是她的勤劳和对子女的管教。母亲大字不识一个，但很聪明，会算计过日子；很能干，庄里庄外经常有人找她帮忙；通情达理，乐于助人，善于持家。她对我们子女教育很严格，她经常要求我们站有站相，坐有坐相，连吃饭坐姿都要管；她最不能容忍的是孩子说假话，一旦发现就要挨打。她对家庭管理严格，她常说：“吃不穷，穿不穷，算计不到就受穷。”

母亲的一生是厚德善行的一生、饱经风霜的一生、勤劳质朴的一生、节俭持家的一生、无私奉献的一生。她为了社会的和谐、家乡的美好，为了家庭的幸福和子女的成长成才历经沧桑，含辛茹苦，不辍劳作，默默无闻，付出了毕生的心血和汗水；她宽厚仁慈，教子有方，呕心沥血，任劳任怨，把子女培养成为国家的有用之材；她待人真诚，乐善好施，和睦邻里，友善乡亲，深得远亲近邻的敬重和爱戴。她的崇高人品和亲善美德是我们子女及其后代至为宝贵的精神财富。母亲已 91 岁高龄，我们兄妹几个的家事她还在经常操心。2013 年 4 月郑州发生 H7N9 禽流感，她叫我妹妹张建华专门打电话给我，要我不要到处乱跑乱吃，注意防范。我听了非常感动，我都 70 多岁啦，还有母亲在关心着，真是幸福啊！

我崇敬的姥姥

我是张家兄妹中男孩的老大，因此，在我幼年时在家中特别受宠，尤其是姥姥对我更是关爱有加。在我童年的记忆里，姥姥是一个驼背近90度的老人，出门拄着拐杖，手持两尺多长的旱烟袋，爱说话、爱管事、爱赶集市。听母亲说：姥姥年轻时是个非常刚强的人，姥姥和姥爷很能吃苦，又会种地，勤俭持家，当时家中有20来亩地，一年到头收的粮食是吃不完的。但在母亲七八岁时，姥爷和其他三人在家中玩小纸牌，不小心把家中存放的炸药引爆，4人都被炸死。姥爷死后，当时只有年近40岁的姥姥支撑着家庭，带着我母亲和姨妈过日子。也许是中年丧夫的原因，后来姥姥染上了抽旱烟的习惯，一直到去世。

在那暗无天日的旧社会，一个寡妇带着孩子过日子不容易啊，当地的土豪劣绅经常打姥姥的主意。当地有一种“拽财神”现象，一些坏人强行把人拽走，然后由中间人出来说话，经过讨价还价，付出一定的钱和粮食把人赎回。被拽者大多是妇女儿童。自姥爷死后，姥姥被拽五六次，家中财产基本被卖光了。姥姥就是在这种环境下把两个女儿带大，也养成了她一生刚强的性格，和爱讲理、爱助人、勤俭持家的习惯。

姥姥对我特别厚爱，从我记事起，我的新衣服、新鞋子基本都是姥姥做的。她爱赶集市，每次都路过我家，给我买花生、糖块、油果子。买多了，我们姊妹几个分着吃，买少了就偷偷地给我吃。她每次只要在我家住宿，都要搂着我睡觉。小时候村里来了货郎，不懂事的我能从村东头跟到村西头。眼睛总是盯着那糖块和红头绳。我是家中最大男孩，为了好养活，头上扎着小辫子。每次只要姥姥看到货郎来了，都要追上去为我买东西。那时候，天黑了要点油灯，为了省钱，太阳一落山姥姥就坐在月亮地为我们讲故事。没有月亮的夜晚，姥姥心里那盏灯就亮了，她会讲很多神话故事，讲来讲去都是善良的人最后得了个金元宝，凶狠的人最终穷困潦倒。从我懂事开始，每次见面都教我不打人、不骂人，长大了要好好上学，识字不被人欺负等等。姥姥活到90多岁，晚年一直是独自生活，她一生非常坚强、简朴，姥姥对我的影响是刻骨铭心的。因部队工作繁忙，遗憾的是她去世前我不在她身边，没有见上她一眼。2013年农历五月初四，我们兄妹五人到她的墓地作了长时间的跪拜叩仰，奉献上我们崇敬的心灵。

土改中我家被划为“新中农”

1950年6月30日，中央人民政府颁布《中华人民共和国土地改革法》。农村家庭按土地和资产划分为：贫农、下中农、中农、富农、地主等不同的阶级成分。当时党的政策是：贫、下中农是革命的依靠对象，中农是团结的力量，富农和地主属剥削阶级。据有关资料介绍：土地改革中获得土地和其他经济利益的农民约占农业人口的60%～70%，全国约有7亿亩土地分给了农民。

奶奶去世前，父亲和大爷一直没有分家，父亲外出后一直由大爷支撑这个家庭。由于我大爷、大娘和母亲的勤劳，土改前我大爷的嘴会说，在亲戚的介绍下，他定期到到连云港附近的赣榆县青口镇拉盐卖，当时卖盐的生意不错，大爷每天赶着牛车，鸡叫三更动身，晚上天黑才回来，当时贩盐的比较多，查的关卡也较多，因此拉盐是比较辛苦的。由于我大爷体力壮，能吃苦，一年下来，也能获得一定的经济收入，买了几亩地。土地改革前，我家已经有10来亩地，又租种了别人家20亩地，与我小爷家合养了一头牛，当时我家中的经济收入较好。根据我家的土地所有，牲畜及家庭的经济状况，1951年土改时，我家被划为“新中农”。

我的竹园情怀

我们河哨村的西边有一片小竹园，因竹园是长在小河边上，土埌水分较好，所以竹子长得特别茂盛。竹园虽然面积不大，但在附近十里八村的范围内是小有名气的。因北方不太适合竹子生长，为此，小竹园往往给当地人们带来了神秘和好奇。别看竹园小，但已有几十年的历史，它见证了清朝的没落、日本鬼子的投降、国民党的溃败、新中国的建立。我们的村为什么叫“河哨”，问老人们说不清楚，按村庄地理位置分析，一是坐落在小河的拐角处，也叫河冲；二是竹园内四季有鸟儿在叽叽喳喳的叫声，故称“河哨”。据老人讲：一些风水先生路过此地，对我们村庄的坐落都称赞一番。我参军后一次回家探亲，下汽车后因原来的道路、河流变化较大，找不到回家的路了。我向路边老人打听时，他脱口而出：“就朝那一片竹园走就是。”

我家村西头有一条1958年“大跃进”年代用当地沙石子铺的沙石路，此路是为一个石英厂铺的。在我们村西头的小河上用水泥、沙石架起一座拱形小桥，当时人们都称叫“洋桥”。站在洋桥上放眼东望，小河潺潺流水，岸边翠柳飘荡，令人陶醉、羡慕、心旷神怡。

在这优美的风景衬托下，那片小竹林显得更加郁郁葱葱。清晨，你若路过那里，就会感到它散发出一股沁人心脾的清香。当阳光洒向竹园时，你又会体会到清影摇风，如坠仙境。下雪时的竹子更为诱人，宁弯不折，在雪和冰凌的重压下也不折断，待到冰雪消融时，又精神抖擞地直起了腰，冷风吹过，竹园内又充满了缕缕清香。

孩提时，我和几个小伙伴凑到一起，经常去钻竹园捉迷藏；有时候淘气被母亲训斥，我便逃进竹园去玩耍；读书时家中人多繁杂，我便躲进竹园静静地看书；当有不痛快的事发生时，我便钻进竹园，顿时觉得心情特别轻松，心胸就会豁达许多。

故乡竹园的景色，时常在脑海浮现，那清醇翠绿的本色，竞相向上的精神和宁折不屈的气节，给我留下难忘的印象。古往今来，许多文人墨客赏竹、赞竹、颂竹，将竹子的品格和做人的气节描述得淋漓尽致。其中最著名的就当属苏轼在《于潜僧绿筠轩诗集》中“宁可食无肉，不可居无竹。无肉使人瘦，无竹使人俗”的名句，反映了他宁可舍弃物质世界的需求，也要在乎追求精神世界的完善与否。由此可见，竹，自古至今都是人们心目中自我提高、升华，高风亮节的象征。

门前那棵柿子树

儿时，我家周围环境给我印象最深刻的，除了村庄西头的小竹林，就是我家门前的那棵柿子树。

印象中，我们家左右邻居几乎家家门前都会有棵柿子树，意为事事如意。但我家门前的柿子树最大，有二十多年树龄，是周围的柿子树王。老人们说：门前栽棵柿子树，表示你家“事事兴旺”。柿子树那铁骨铮铮的树干，还有那钢浇铁铸般的枝柯，笑傲长空的树冠，金黄色的果实，都给人一种鼓舞，使人奋发向上。

春天，当料峭的春风吹醒冬眠的村庄，耐不住寂寞的柿子树也开始抖擞着它慵懒的身姿。指甲大小的嫩芽像是群鱼破冰一样，争先喧闹着，之后便是片片锥形橙黄色叶子慢慢舒展开来。待到暮春时节，枝芽扑棱开它嫩绿如新的叶子，像是金黄色的菊花点缀其间，一股轻柔的春风拂过，好像清香的花瓣散落一地。柿子树枝叶繁茂的时节，椭圆形的叶子后面是毛茸茸的植物肤发，随后便开出一片黄色的成锥形的花。每一朵花都可结出小圆形的果实。

走过春天的安逸，便是夏日的骄阳似火、电闪雷鸣与狂风暴雨，门前的柿子树却更显得精神抖擞，生机盎然。它那坚韧不倒的挺拔标示了它生命的本质与魅力更在于此。到了麦收季节，猕猴桃大小的果实已挂满枝头。这时候是它营养较为匮乏的阶段，由于果实较多，偶尔会有脱落的青柿子，这时，我们一帮顽皮的孩子会把它捡起来，藏在麦垛中让它腐烂，制造一场恶作剧。但是宽阔胸襟的柿子树，却包含了这些无邪的天真，因为它是坚韧、伟岸的。

秋天是收获的季节，柿子树也不甘示弱，红黄色圆而肥大的柿子，在这个季节里已是应接不暇，不亦乐乎了。它挂满枝头仿佛像节日里的焰火，又似秦淮河畔的红灯笼，显示着一派和谐盛大的样子。而采摘下来的柿子，流光溢彩似地涌向房前屋后，而我的快乐也在这金光闪烁的忙碌中熠熠生辉，悠悠自得。

风追不上云的脚步，于是蒲公英便乘风去流浪。当冬天踩上秋天的肩膀，我合上双手默默祈祷，多希望这一片祥和能亘古久远。然而天气渐冷，秋霜的袭来不免让这些柿子树叶随风散落。但是飘落的大而圆的树叶却可以当做优质的有机肥料，勤劳的家乡人民都会将自己门前的树叶攒回去施肥。冬天是个多风的季节，每一次寒风的袭扰，柿子树叶总被刮得四处都是，然而它却甘之如饴，无怨无悔，默默地等待着，奉献着自己的青春与年华。

柿子树走过了四季，走过它生命中精彩的每一个瞬间。它那英雄的本色，那铁骨铮铮的干，还有钢浇铁铸的柯，笑傲长空的树冠，都给人一种鼓舞。

柿子树生长的环境很简单，它一般很耐旱、耐贫瘠，即使在很多不毛之地都可以见到它的挺拔。它的生长对环境要求并不高，但付出却为人们提供很大的经济效益。

柿子在我们苏北农村亦称果中之王，对贫穷落后的农民来讲，是一种经济来源。它有三种加工食用的方法。一是放在阴凉干燥处一个月左右，待坚硬的果实软了，食用时有一种香、甜、清凉的感觉；二是用温水浸泡四、五天后食用，有一种干、甜、脆的感觉；三是将柿子去皮晾晒干，叫柿子饼，可以长期保管食用。经这三种办法加工的柿子在市场一般都销售较好。

我对家门前柿子树的感情是从十几岁开始的，由于我家柿子树干较大，我们几个同龄的孩子会经常爬上去做游戏玩，到我上高小时，每天太阳露出笑脸，早晨我就爬上去坐在树干上背诵课文，这颗柿子树陪我学习成长有很大的帮助啊！我每年秋季学费有一部分也是靠家中卖柿子攒下钱来补贴的。

老宅的变迁

根之所系，情之所依。老宅给我的记忆是原始的，长久的，也是零碎的，无序的。不是才思的枯竭，也不是记忆的模糊，而是我们祖孙三代人都没有这个观念，更是缺少足够的勇气改变老宅。

我们家的老宅在苏北一带既不显山又不露水，在周围村庄中是再普通不过的茅草房。老宅大门朝南，这与中国农村建房坐北朝南的风水习惯基本相悖。我记事时，我家是三间土坯堂屋，两间东厢伙房，当时和我大爷两家还没有分家。1944 年，日本鬼子到我家收粮食没有找到，放火把两间伙房烧了；1946 年，我父亲参加革命，返乡团到我家找我父亲没有找到，临走时把三间堂屋又烧了。两次维修都是用麦秆草和泥糊盖的房顶，冬冷夏热，连阴雨数天后房顶还漏水。

新中国成立后，大约是 1952 年，透风漏雨的三间堂屋实在没法住了，我大爷在家主持，修补了土坯墙，用红山草翻修了屋顶，这在当时的村上算是“豪宅”了。我上学还经常向同学们炫耀，我家盖新房了。用大约有 20 公分厚的红山草修改屋顶，冬暖夏凉，这是我奶奶、父辈和我三代人的享受啊！

1961 年我参军后，每次回家走进老宅，都有一种亲切和温馨的感觉。60 年代末，三间堂屋又有些漏雨了，父亲将老宅推倒，新建了下半截为红砖墙，屋顶为红山草的新房，还新增加了两间过道房，这在当地也算是比较好的了。

1985 年农历二月初三，是我这辈子最伤心的日子，我接到父亲病危的电话，我与爱人任林凤从济南连夜乘车朝家赶，回到家看到父亲躺在床上的瘦弱的身体，他无力的双手拉着我和儿媳的手，流着热泪问：“孩子们怎么没回来？”我马上意识到这是他临终前想见孙子、孙女的兆头。第二天中午孩子们赶到家看到爷爷时，父亲已不能讲话，但睁开眼睛看看，脸上还透出微笑。二月初五的下午，父亲就安详地离开了我们。那一回，我几乎把泪水哭干了，我完全按当地的风俗披麻戴孝守灵。我这生遗憾的是，我生活艰苦时，父母无微不至地照顾我们，我们住的房子大了，家庭生活好了，父亲没跟我享过一天的福啊！

1985 年底，弟弟张建山从部队退伍回家，安排在沭阳县阴平公社粮管所工作，1987 年，张建山主持在老宅上新建了三间砖瓦房，两间东厢厨房，两间过道房。从此，老母亲和弟妹们住上了崭新的砖瓦房，村上多数人家也都建起了砖瓦房。1970 年，我爱人任林凤和孩子随军迁至济南，1993 年，张建山全家也随调到济南市，我三个妹妹也都出嫁，老宅房屋交由堂弟张建全使用看管。

2004 年，我退出河南省军区政委的岗位后，每年清明节和老伴任林凤一起回家为双方老人扫墓祭祖，每次回去都是县乡接待，住在沭阳县城。但每次回家都进老宅的院子里看看，老宅的一草一木都会引起我几十年的回忆，这里是生我养我的根啊！怎么把根留住，让我们的子孙后代永远记住这老宅？

2010 年我回家时，时任乡党委书记刘周清同志到老宅看我时说：按新农村建设规划，沭阳县政府批准，在这里安排五百户左右的新型农村建设。当时我说：按你们新农村规划的总体要求，我在老宅上建设我家住房可以吧？刘周清书记当即表示，欢迎张将军回家乡支持新农村建设。回到部队后，我与弟弟张建山商量，在我们的老宅基地上，按李圩片区新农村建设的规划设计了我们的老宅建设。

当时，我们老宅所在的李圩村，60% 以上的农户已建起了三百平方米左右的二层小楼，我们老宅的房子已成了贫民窑，每次回家邻居们也讲，这还是你在家住的老房子啊！在老宅上建什么样的房子？当时我的基本想法是：严格按乡政府划定宅基，建房在当地不显山不露水，不富贵豪华，但几十年不落后，又不脱离当地群众的观感。最后决定：建一座似仿古式的四合院。2012 年春天动工，年底建成，茆圩乡政府为我们出具了“准建证”。新房建成后，我母亲在弟弟、妹妹陪同下专门从济南回家住了一个多月。住进新建的四合院，母亲说：“做梦也没想到在老宅上能建起这么好的房子啊！”老人家处处都露出幸福的神态。

人的情感就是这么复杂。我当初出来当兵，就是为了离开农村，离开老宅，去寻找自己的前途，跳出农门。我在外面五十多年，也算混得不错，退休了又格外怀念起老宅来了，老人怀旧啊！但仔细一想，自己的成长，个人的进步，应该是与老宅密切相关的，老宅作为我的精神家园，心灵之所，对我的精神激励是潜移默化的，也是不可替代的。战争年代，一个军人，要么战死在沙场，要么回到故乡。和平年代的军人，没有战死在沙场的机遇，那我们迟早要回到故乡，回到老宅，这是人生的一种精神轮回。

老宅是我的情之所依，根之所系，魂之所驻。世界上没有哪一座古城、古镇、古屋，比自家的老宅更亲切亲近，也没有任何一个物件比老宅更能直通我的血脉，直达我的心灵。

从我家老宅的变迁，我们亲生体会到了共产党的伟大，社会主义制度的优越，人民幸福指数的提高，我也坚信：到建党 100 周年时，全国人民一定会同步进入全面的小康社会。

第二章　送我进学堂

我的家乡是1949年解放的。新中国成立后地方政府要求，有条件的几个邻村可以联办初级小学，1950年，河哨村利用地主张××的过道房做教室，请了一位老师，就办起了初级小学，当时学费是每学期3—5升（10斤左右）粮食。由于我家当时经济条件较好，母亲就送我到河哨小学念书。

一块“石板”和一枝“石笔”

当时，学校没有黑板和课桌，学生自带小凳子。大爷外出时替我买了一块长约一尺、宽约半尺的石板，当时这是比较好的学习用具。从此，我每天上学时，一手拿着小凳子，一手抱着石板。谁知，冬天里石板特别的凉啊，有时手不敢去沾，用旧布或棉衣包裹着才敢抱着去上学。一、二年级考试时，把考题答案写在石板上送给老师看，给予打分。考的成绩好时，还把老师打分的石板拿回家叫家人看，然后再恋恋不舍地擦去。到三年级时，母亲给我买了铅笔和用纸张裁钉的学习本。只有考试时用，平时还是用石板、石笔写字。这一块石板和石笔一直陪我读完初小四年级。

从我懂事时就想读书识字。因为我看到了识字的人能看书，能学到很多知识，懂得很多道理；识字的人在当地被称为“先生”，非常受人尊重；识字的人可以到工厂当工人、到学校当老师；更重要的是只有识字才能脱离农村，吃上国家供应粮。由于这些浅显的道理对我产生极大的影响，我暗地里下决心读好书，中学毕业后能当工人、当老师、当医生，离开祖辈的黑土地，吃上供应粮。在这些基本理想指使下，我后来读书特别刻苦。

当时，高级小学（五、六年级）全乡只有两三所，初小升高小是要考试录取的，记得我们河哨小学四年级有20几名考生，能考上李圩高级小学读书的只有五六个人。老师拉着我的手说：“建中啊，你们能考上高小不容易，到高小一定要努力学习，争取能上中学（初中），为河哨村争光啊。”

在李圩高小读五六年级期间，我印象最深刻的有刘氏三兄妹，刘士文父亲是卖货的，整天挑着货担走街串巷，逢集市摆摊，属于家庭条件较好的，刘士文学习用具和穿戴都较好；刘玉萍、刘翠萍姐妹俩父亲有工作，即是我们同学中的“富二代”了，也是孩子们心中的两朵校花。刘氏三兄妹当时学习用具都是用“自来水”钢笔、白光纸。同学们对刘氏三兄妹都很羡慕，也很期盼自己的家庭能尽早吃饱穿暖，上学能用上“自来水”钢笔。再一个是张贤成，比我大两岁，家中比较穷，经常冬天没有鞋穿，饿着肚子上学。但他从小性格正直，学习刻苦，很有志气。因为他家庭比较穷，个子也比较小，有时同学们还欺负他。我对张贤成很同情，关系也很好。在李圩小学两年学习期间，我的学习成绩一直是前几名，1957年夏，我以优异成绩考入阴平初级中学读书，当时全村邻居都来向我们家表示祝贺，母亲还专门为我做了一双新鞋，父亲替我买了一支钢笔，大爷给我送了书包。此时，我在村里走起路来也好像是长高了似的。

吴先生的“教具”

我刚上学时的首任老师姓吴，50 岁左右。吴老师原来教过私塾，当地人都称他吴先生。后来帮人家管管账目、写写东西，据说每年春节时周围农家的春联都是请他写的，在村里村外的口碑较好，新中国成立前因账房倒闭而没事在家，河哨小学成立后，请他出来教书。

我印象很深的是，吴先生秋天、冬天穿长袍大褂，头戴瓜壳圆顶帽；春天、夏天穿过膝的长衫，戴黑边框眼镜，走路很慢，说话很斯文，很像一个有文化的人。

从一年级开始，吴先生上课的教学用具就是三件东西，一是教学的课本书，二是向黑板上写字的粉笔，三是约一尺长、三寸宽的小木板，后来有人说叫教鞭。一、二年级时以教识字为主，每星期教二三十字，他在黑板上写一个，就教学生重复形象地去读，如“一”即为“一、扁担长的一”；“二，两根筷子的二”；“牛，大牛小牛的牛”；“五，五个指头的五”等，一个字教十遍，认不得的就要伸出左手用尺子打三下。本星期教的字，下星期一上课前要考试，五个字以上不认识的要罚打五下。一、二年级时我没有挨过打。

三、四年级时增加了数学课和珠算课。当时全班 20 几个学生只有五六个人家中买起算盘带到课堂，其余学生都是土法制造。我清楚地记得我的算盘是我大爷用地瓜干和本板及树枝为我钉做的。有个别实在买不起和做不出算盘的就与同位合用一个。

上四年级我已经 12 岁了，放学回家要帮助家里干些活。记得有一次放学怕回家干活，就和另外两位同学去小竹园捉迷藏玩，快天黑才回家吃饭，母亲问怎么回来这么晚，我撒谎说帮老师干活了。第二天上学时老师布置算术练习没完成，被吴先生在课堂上打了10板，当时吴先生完全按私塾的办法管理和教育我们。吴先生在我学习成长的道路上留下了深刻的烙印，我到沭阳上高中前问了一下家中老人，说吴先生因家庭出身不好被政府赶回家劳动改造了。在那阶级斗争为纲的年代，出身剥削阶级家庭的知识分子受到类似处理的可是不少啊！

参加李圩完小的第一支腰鼓队

1955年秋季，为了响应李圩乡政府关于活跃农村文化生活的要求，在李圩完小（当时四年级以下称初小，五、六年级称完小）成立了新中国建立以来的第一支腰鼓队，共30人。腰鼓，顾名思义，即扎在腰上敲击的鼓。当时我个头不高，长得又比较灵活聪明，被选中参加了腰鼓队。教我们的吴老师是从乡文化站派来的，听口音是苏南人，唱歌、跳舞都会，据说是因家庭出身不好，不能当领导干部而派在乡文化站工作。

腰鼓队员平时正常学习文化课，每周三、周六下午学习打腰鼓，共集中学习两个多月，我们就基本掌握了第一节拍的打法。我印象中的鼓点是：咚、嚓！咚、嚓！咚、咚嚓！咚嚓！然后重复敲打鼓点；第二节拍是跳起来用右手从后面敲打鼓点；第三节拍是跳起来两腿劈叉开，在空中和落地时各敲打鼓点；第四节拍是互相配合，先走舞步，然后敲打对方的鼓点。因我当时动作比较熟练，又比较灵活，被选为领鼓，站在30人的中间，别人用眼的余光与我的动作配合，我的眼目视指挥的手势，以此互相协调配合。

正式外出演出时，队员都是蓝裤子、白上衣，头扎扣子向上的白毛巾，我头上扎的是红毛巾，以示别人好向我看齐。我们大约训练了三个多月，到年底的新年、春节、正月十五、农历的二月二，乡政府就派我们腰鼓队到各村演出。为配合演出，在吴老师指导下学校又成立了旱船队，因为我个子不高又比较白嫩俊俏，老师安排我打扮成女孩驾船的，当时的女孩思想还比较封建，不愿出头露面，上学读书的也比较少。驾船的女孩舞步和节奏要与男孩撑船手配合，每次一场下来都是汗流浃背。每次演出大约一个小时左右，一冬天要演出二三十场次。年轻时的儿童生活天真、活泼、健康、向上，60 多年了，我想起来还是记忆犹新！

上学后改名叫“建中”

我出生时是张家的男孩中的老大，在家中特别地娇惯，出生时身体又不好，为了好养活，老人就在我的脖子上挂了个小铜锁，顾名思义，是锁住不让我跑了，因此我的乳名就叫“小锁”。到我 7 岁快上学时，老人们按张家家谱排序应是“德”字辈，就找有文化的人商量，取名“张德英”，意为张家得了一个英俊小伙，德厚英才；又说是当时英国经济发达，比较强大，当时很多孩子取名“超英”，因我是“德”字辈，就叫德英。母亲还说：“取个女孩子名好养活。”到了二年级时，庄上四邻乡亲都为我上学而高兴，我大爷就把张姓家族的长辈们请到家吃饭祝福贺喜，我们村西头的一位远房爷爷是识字人，曾经教过私塾，他的两个儿子都参加革命，据说新中国成立后都留在苏南当地做官。这位爷爷也是一位思想解放的老人，吃饭前问我取名叫什么，大爷说叫“德英”。饭后他说：“现在全国都解放了，要建设新中国啦，叫‘建中’吧！”老人们都赞成说，这个名字好，对全国解放建设新中国又有纪念意义，从此改名叫张建中。自此，我们本家族的男孩子，与我同辈的都以“建”字辈起名字。我们家兄弟四人分别为“建中”“建国”“建全”“建山”。

第三章　中等教育年代

1957年秋季，我以优异成绩考入阴平初级中学。“阴平”，50年代初期称潼阳，是新中国成立前潼阳县政府所在地，新中国成立后县以下划片区时是区政府所在地，下辖五六个乡，因是当地的经济和政治中心，1955年在此建立阴平初级中学。现在的阴平又改称为潼阳镇，因此，阴平中学也随之改称为潼阳中学。

用酱油做调料

阴平初中离我家大约七八里路，这样的距离，有钱人家的孩子都是寄宿（住校），而我只能走读。当时正赶上“大跃进”年代，全村一个大食堂，我的三顿饭只能靠母亲积攒一点给我吃。读到初三时，因学习紧张，住校寄宿家中又拿不起钱，我和邻村的张玉柱、顾如喜三人，靠亲戚在学校附近找了一间房子，自己做饭吃，我们的全部厨具是一个小铁锅，三个碗，三双筷子，一个菜盘子。柴火要靠自己去捡，轮流做饭。星期天返校时，每人从家中带一瓶酱油，带够自己一周吃的干粮。每顿饭基本上都是烧开水后倒一点酱油、放点从家中带去的菜叶子就算是喝的汤了。由于我们吃盐较少，生活又比较艰苦，一年下来我们每个人体重不但没长，还都减少了两三斤。1959 年我参加空军飞行员选拔时，其他方面都合格，只因体重差 2 斤，家庭出身是中农，没有被录取。

张玉柱是我们本家的，他和我同岁，但比我长两辈，我要叫他“小爹”。因他是长辈，平时做饭、拾柴火我干得比较多。他为人忠厚老实，少言寡语。他学习特别刻苦，属于读死书、死读书的那种同学。平时看学习还可以，考试时只能算中等。初中毕业他没考高中就回家干活了。前几年我回家打听他时，邻居说他已去世好几年了，听说后我感到心酸，回忆起那段艰苦的学生生活，勾起我对他的怀念。

顾如喜是外乡人，新中国成立前举家从外地搬到我们村西头。说话口音和我们有所不同，个子比我们高，长得白白净净的，天资聪明，经常替我们出一些小主意。因他是外乡人，在同学间有时受人欺负。据说初中毕业后到外地工作了，和他一直没有联系，因我们一年吃、住在一起，还是很有感情的。

许诺一条“绒线裤”

在阴平初中三年的学习期间，我的学习成绩算中等偏上，我的最大优势是记忆力好，虽然平时学习不够刻苦，但考试成绩一般都较好，老师说：“张建中善于思考，比较沉着老练，是个考试型的学生。”

当时沭阳县只有两所高级中学，一所师范学校。上高中比现在上大学还难。当时的阴平初中校长蒋季衡对我们两个毕业班的同学讲话时说：“考高中好比考状元，百里挑一，你们是我们阴平初中的第二届毕业生，考上高中的，学校要为你们戴红花，希望你们为学校争光。”父亲对我说：“你要能考上沭阳高中，家里为你买一条绒线裤。”

我们阴平初中的学生是分配在华冲高中考场，1960 年 7 月中旬的一天，我们去华冲考场报到。那天，大雨刚停，大小河流沟满河平，道路泥泞特别难走，遇到水大的河流，男同学要背着女同学过河。当时我们一行的女同学有张景芳、颜景平二位，是由两位个子大身体壮的男同学背着过河的。只有三四十里的路程，我们天刚亮从家走，一直到下午 4 点多钟才到达学校看考场。我们每人要带 4 天的干粮，食宿是自己解决，我们只能 10 几位男同学挤在一间教室的地铺上，五六位女同学挤在一间教室的地铺上。记得考试那天，我头脑特别轻松，看了考试卷后，好像都是我复习过的试题，考完同学们对卷时，我预计都在 80 分左右。

沭阳县历史久远，文化源长，历代兵灾水患，对古沭阳人民影响深重。1900 年，怀文书院在沭城内西后街始创。1922 年，在怀文书院基础上，沭阳县立初级中学创立。1953 年暑期后，增办高中部，校名改为沭阳县中学，朱克任校长兼党支部书记。新中国成立初期，由战争时期转变为和平建设时期，学校从农村迁到沭城，学校教学管理日趋正规。我 1960 年夏季考入沭阳中学时，从初中一年级到高中三年级每个年级设有四个班，教师队伍非常强大。1993 年江苏省教委正式下文确认为江苏省重点中学。2002 年 10 月 16 日，我有幸应邀参加了沭阳中学建校 80 周年校庆，并代表沭中校友发表贺词。沭阳中学，历史上就是江苏省的重点学校之一，现在已有 90 多年的校史，在沭中历届学生中有两位中科院院士、10 多位省部级领导、共和国将军等。那一年，我是阴平初中第二届毕业生中唯一考上沭阳中学高中一年级的学生。开学时，家中东借西凑，为我准备齐了学费，因当时家中经济比较困难，父亲再也没提为我买绒线裤的事了。

聪明但不勤奋

20 世纪 50 年代初，国家面临安全稳定，社会治安面临整治，农村经济面临发展，教育战线亦是百废待兴，很多小学有的是私塾班成建制转成公办学校的，多数是在党的关怀下按片区划分新建立的，初中据说是从 50 年代后期，按当时划的片区（所辖五、六个乡镇）每区建一所初中。当时沭阳县大约有七八所初中，设高中部的中学沭阳县只有两所，一是沭阳中学，二是华冲中学。沭阳中学是 1922 年创立的，1953 年增设的高中部。

因学校少、班次少，每升一个学级都要经过严格的考试录取，初小升完小，当时有 10% 能考上完小；完小升初中，当时的录取率也是 10% 左右；初中升高中录取率为 5% 左右。因此我在读书时升每一个级别都是通过严格考试录取的。由于我家在农村，我又是家中男孩的老大，平时家中的农活、家务活都要干，除在校上课时间学习外，课余时间基本没工夫看书学习。在校时我的记忆力、理解能力较好，课堂作业基本都是班里的标本，考试卷是老师改卷的参考答案。在阴平初中读三年级时，课堂作业班里有几位同学基本都是抄我的。平时我的学习成绩算中等偏上，但由于我上课认真听讲，理解能力较好，记忆力强，考试时一般都成绩很好，班主任老师常说："你们要像张建中学习，认真听课，善于思考，加深记忆，学习成绩一定很好。"在我被录取为沭阳中学高一学生时，阴平中学蒋季衡校长说："张建中同学是一位考试型的学生，为我们学校争光啦！"

落选飞行员

1959 年秋季，中国人民解放军空军第一次从在校的初中生中招收空军飞行学员。因我当时是共青团员，在班里学习成绩较好，被学校推荐为招飞选拔对象之一。去沭阳县城体检时，是我第一次坐汽车，第一次乘汽车的感觉像坐火箭一样，看公路两边的大树一排排地向后倾倒，心情高兴至极，感觉像坐“火箭”似的。

在沭阳县城体检合格的 20 余人接着去淮阴地区集中体检，我是在淮阴地区选飞体检站体检合格的。在地区体检合格后，空军选飞干部和地方公安部门联合进行政治审查。经调查我的社会关系、亲属政治面貌、家庭出身等都没有影响我当飞行员的因素，最后讨论定对象时，空军选飞干部提出我家出身是中农，按照党的阶级路线划分，“中农”是党团结的对象，“贫下中农”是党的依靠对象，空军飞行员一定要是对党绝对信赖，政治上绝对可靠的。因此，我家出身中农被视为政治审查不合格，被落选啦！这是我第一次知道家庭出身对我今后发展前途的影响。班主任老师找我谈话，我痛哭了一场。回家给我父母讲了，说明落选的主要原因是政审不合格，他们还非常高兴，家中老人也不同意我去当飞行员，说什么上天去危险，好好上学今后干什么都比当空军飞行员安全等。这时，我的心里也像是得到些许安慰。

丢了一只鞋

在沭阳县城读高中时，学生基本都是住校寄宿，我们每个月的生活费是6元钱，根据家庭经济状况，学校评定助学金。我是享受每月4元的助学金补助。学生口粮标准是28斤，集体生活，伙食较差，十六七岁正是长身体的时候，每顿饭哪能吃饱啊！因此，每个学生只能靠星期天返校时从家中带点干粮来充饥。

沭阳县城离我家有五六十里路，周六下午上完一节课3点钟才能回家。如果像现在这样乘公交车也就1小时左右，骑自行车两个多小时也到家了。可那个年代，汽车极少有，有时公路上看见有几辆汽车也只是搞长途运输和长途客运；自行车一个乡只有邮递员和乡政府的通信员配有两辆，当时人们叫它“洋车”。我只有靠两条腿走路回家和返校了，每次要4个小时左右，开始还要小跑，累了再慢走。

记得有一次是1961年春天，星期六中午因拉肚子，吃饭去晚了，到食堂后只找到了半个馒头、一碗汤，吃完我又回到宿舍啃了一点豆饼。下课临走时就觉得肚子有点饿，走了一半就觉得有点头晕眼花，当时想蹲下歇歇再走。当离家还有十来里路时，我实在走不动了，就躺在路边休息一会儿，野地里几位拾草的小孩过来看我，嘴里还在小声地说：“这个人可能死了！”但等我醒来时，怎么找也找不到另外的一只鞋，只剩下枕在我头下的一只了，这时我只好一只脚穿鞋，一只脚穿袜子回到家中。回家后还不敢对母亲讲实话，先对奶奶讲了，奶奶就找了一双旧鞋让我换上，一个月后母亲才知道此事。一年的沭阳中学学习生活，回家和返校途中躺在路边休息几乎每次都有，但丢了一只鞋却记忆犹新。

"校花"徐增霞

我在沭阳中学读书是从1960年下半年至1961年上半年，读完高中一年级，1961年7月即应征入伍，仅一年时间。同学中当时有印象，退休后在郑州又联系比较多的当数徐增霞同学。

沭阳中学高中部每个年级是四个班，徐增霞是高一乙班，我在高一丙班，高中部安排有外语课程。当时的苏联是我们党和国家的"老大哥"，关系密切到亲如兄弟，50年代苏联援助我们国家的重点建设项目有上百个。美国、英国则是我们的敌人，是比较发达的国家，当时我国经济发展的目标是超"英"、赶"美"。学校安排的外语是两门课程，一是俄语，二是英语。这两门外语课按年级编两个班，同学们所学语种除了自己选择外，学校还界定：共青团员、德育表现和学习成绩好的才能学习俄语。我与徐增霞同学都安排在俄语班，当时的课程安排是每周两节外语课，因此我们只能是在上外语课才能在一个班听课。记得我们在课外时间交流过两三次。

印象中，当时的徐增霞同学1米6左右的个头，留着当时女生流行的短发，是高一乙班的学习课代表。因考试后老师批讲时经常表扬她，有时还以她的卷子为标准答案，所以高一年级同学都称她为"校花"。同学们反映她在校学习聪明过人，个性也比较高傲，平时说话比较利索，她经常代表高一年级在校大会上发言。

我1996年4月到河南省军区任政治委员，后兼任河南省委常委，当时在河南驻军和地方是有点影响的，直至2003年夏季的一天，徐增霞同学费尽周折才找到我的办公室。40 多年没见过面的同学，见面的第一印象是“乡音未改，两鬓斑白”。我说：“我来河南工作七八年了，你为何到现在才和我联系见面?”她说：“1998 年就从新闻中听到过张建中的名字，也从电视中看到过张建中将军。因怕一时认错，不敢冒昧去打听，你比上学时发福多了，也看不出像原来的样子，后来听省直机关一位朋友讲起，你是江苏沭阳县人，我才敢来见你啊!”

从各自介绍中得知，徐增霞高中毕业以优异成绩考入南京工学院（现在的东南大学）发配电专业（现在电力学院自动化专业）。毕业后分配到水利部下属的郑州水工机械厂，从一般技术人员干到水工机械厂的厂长兼党委书记。80 年代，各级党委政府部门按中央要求要充实选调有专业知识的大学生，以改善干部知识结构，培养现代化的各级领导干部。郑州市委组织部、河南省委组织部都曾考察推荐过她到省直或市直机关工作，由于她学的是电力，水工机械厂是为水利电力服务的国家大型企业，她决心为我国的水利电力事业服务，欣然谢绝组织的信任，在厂领导这个岗位上工作到 1997 年，因她是专家型的领导干部，当时国家的水利电力建设任务比较重，又调到水利部机械局工作，直到退休。

徐增霞同志退休后，她完全有条件在北京安度晚年，她又一次谢绝组织照顾，回到郑州休息。徐增霞在水工机械厂任党委书记时，经水利部党组批准，享受厅级干部的待遇。退休后的企业领导干部工资、医疗、福利等与政府的同级干部差距较大，但徐增霞同志甘愿清贫，没有听她讲过一句怨言，我想这就是一个老一代知识分子、老一代共产党员的风范吧!

因为是同乡，又是老同学，退休后我们两个家庭来往比较多，2007 年 10 月我们应沭阳中学邀请，还一起参加了沭阳中学的85周年校庆。退休后我出版的第一本书《和平树下》送她阅读、指正，她阅后欣然写下一副对联："弱冠从伍不惑授将军旅历程功勋显赫，身处盛世心系国民和平树下业绩千秋"。我看了深感："真是有才华的徐增霞！"

一个馒头的记忆

1960年我刚到沭阳中学读高中一年级，12月中旬的一个周五，是轮到我在食堂帮厨值班的日子。这一年，正值国家三年自然灾害最艰苦最困难的时期，为减少员工的开支，当时学校是一个年级的学生设置一个食堂，约200多人就餐。每个食堂配有总务主任，两三名职工，另外每天每班派一名学生到食堂值班帮厨。派去的学生有两个责任，一是监督总务处，每天让学生能吃够伙食标准，下锅的粮、菜都由学生亲自称量标准；二是帮助摘菜、洗菜、洗碗等食堂的零星杂活。每位学生一个半月能轮到一次。学生的每月粮食标准是28斤，每月6元钱伙食费。同学们每顿饭都是定量分配到个人，都是十七八岁长身体的时候哪能吃饱啊！同学们经常上、下午课间回宿舍吃点自带的东西。

当时的学生吃饱肚子就是人生的第一享受。每周一返校同学间见的第一面都交流说妈妈这一周又让他（她）带多少吃的干粮，我母亲供我带的多是粘饼和炒面，因粘饼放时间长会发霉变质，多是周一、周二、周三晚上吃，炒面可放时间长一点，多是周四、周五晚上补充饥饿的肚子，周六下午上完第一节课3点钟就可以回家。每天晚饭后回宿舍的第一个任务是三四个要好的同学在一起有计划地交换补充从家中带的食品。张九文、仲伟山、刘洪才我们四位农村的同学经常在一起交换吃的东西。轮值到食堂帮厨是每位学生都期盼的一天，因为这一天能吃饱肚子，晚上回宿舍不用再吃自带的食品。

12 月初的一个晚上，是我要好的一位同学到食堂值班的一天，晚饭后他把我叫到宿舍外，从上衣兜内掏出一个馒头说："我今天吃饱饭了，三天不用补充都可以，这个你吃了吧。"我当时很感激他，因怕别人发现，狼吞虎咽地将馒头吃下肚，这一夜睡得特别香甜。中旬轮到我去食堂值班帮厨了，我投桃报李的心情油然而生，晚饭后食堂内已收拾完毕，我乘没人的时机，顺手抓了一个馒头放到上衣口袋内，准备下班回宿舍送给他充饥。没想到每天下班前总务主任都要清查剩余的饭菜，当我们四名同学和两名职工准备离开食堂前，总务主任把我们叫住说，我清查了剩 36 个馒头怎么少了一个，这时我面红耳赤地说："我拿了一个回去给同学吃的。"然后总务主任从艰苦奋斗，同学相互关心到勤俭节约给我们讲了一番道理。回到宿舍后，我自愧难当，后悔莫及，躺到床上彻夜未眠。

回想起来，60 年代三年自然灾害期间的一个馒头比现在 100 斤面粉都珍贵啊，那是一个学生一顿饭的主食呀！近几年你到所有食堂看看，泔水缸里到处飘着吃剩余的白面馒头、大米饭和剩菜。想起我当时这行动是为了感谢同学的投桃报李行为，是损人利己的自私行为。据说这样的事在值班同学中经常发生，所以事后也没有任何人提起这件事，但在我灵魂深处却留下深刻的记忆，我把这件事作为我人生道德的警钟，作为人生修养的警示：任何时候都不能做出有愧于集体、有愧于组织、有愧于别人的事，要牢记"要想人不知除非已莫为"的哲理。今天我把 50 多年前这件事说出来、写出来，是我人生坦荡的表现，它警示我一生要无愧于组织、无愧于集体、无愧于战友、无愧于朋友。我终生牢记人生要"无私无畏无求无失，无怨无悔无得无愧”。

挣的工分够学费

上初中时，我已经十五六岁了，在同龄人中，我个子不算大，但也不算小。因此，我平时已经能够帮助大人干活了。我小时是比较勤快的，眼中有活，老人和邻居都比较喜欢我。我干活手脚也比较灵活，大人们也都喜欢和我在一起。1958 年“大跃进”和人民公社的年代，土地收归集体所有，集体出工，集体返回，干同样的农活，男女不是同工同酬。谁家壮劳力多，谁家挣的工分多，谁家经济条件就好些。我家壮劳力较少，年底分配就少，经济比较困难。看到家中这种情况，我每年暑假两个月，主要是以割草给生产队喂牛挣工分，开始每天能挣三四个工分，后来能挣五六个工分，相当于半个壮劳力，一个暑假下来能挣八九十个工分，年底分配时，我的学费也就差不多了。

提起暑假割草，有两件事我永远难忘。一件是把土块挟在草里。有一天我下地晚了，看到别人已经割了半筐，想今天肯定挣工分少了，为了不影响青草的重量，我就在草装筐时中间加些土块，中午送到生产队牛棚过秤时，喂牛的赵××讲，你今天割这草怎么这么重啊，从筐中把草倒下后发现土块，这时我害羞得低下头承认错误。另一件是把庄稼苗叶子夹在草里。一次我去的方向草长得不旺，快到中午了还没割多少，这样回家又怕挨吵，就顺便在路边的庄稼地里割了些庄稼叶夹在草里，也是到牛棚过秤时被喂牛的发现了。我当兵后回家看望这位喂牛的赵××，他还开玩笑地讲起了这两件事。事情虽然不大，又是孩提时干的，可到现在我想起这两件事都感到内疚啊！

人生的忠诚，就怕不知错、不认错，知错、认错才是人生观最大的财富啊！

第四章　走进解放军大学校

20 世纪 60 年代初，国内经济形势十分严峻，既要面对 1958 年“大跃进”造成的经济全面紧张的局面，又要解决三年自然灾害带来的严重经济危机。党内坚决扫除共产风、浮夸风、强迫命令风、生产瞎指挥风和干部特殊化等“五风”的斗争非常激烈。1949 年大陆新中国成立前逃往台湾的蒋介石“光复大陆”的野心不死，时刻窥测机遇，趁大陆的经济危机叫嚣“反攻大陆”。在这个大背景下，1961 年国防部下达了夏季征兵命令：征集对象是城镇初中以上文化的适龄青年和在校的初中、高中学生。我当时就读于沭阳中学，当属应征范围之内。

在刻苦训练中坚定信念

1961 年 5 月中旬，学校召开征兵动员大会，当时讲了新中国成立后第一次从学校征兵的主要理由：一是为了改善军队的文化结构；二是为了适应军队新装备的需要。校动员后各班又进一步动员，号召共青团员要带头报名，团支部还专门召开了团员大会，要求共青团员人人报名。我当时出于爱国热情和青年的上进心带头报名填表，但又存有侥幸心理，因个头低体重轻，希望体检不合格。因有这种心态，6 月中旬回家时就没有给父亲、母亲、奶奶讲我报名参军的事。因为我知道，家里为了培养我读书，费了多少辛苦啊，他们多么希望我读完高中上大学，或是高中毕业在城里能安排工作，为家中减轻经济负担，为张家光宗耀祖啊！“好男不当兵，好铁不打钉”的印象在当时的老人心里仍然存在。

7 月上旬，学校接到了我应征入伍的通知书。当时，我的矛盾心态非常突出，感到：一是我上大学的梦破灭了；二是我怎么去向家人交代呢？班主任谈话后我彻夜未眠，后悔开始真不该报名，后来回家又不该不向家长汇报此事。经过反复思想斗争，我战胜了自己，国家需要时共青团员要带头，不能说熊话；认定了的路一定要走下去。带着这个信念我回家说服了父母，但奶奶思想仍不通，我 7 月 16 号从家中到县武装部报到时，奶奶还是哭着不让我走啊！7 月中旬，苏北正是雨季，当时沭河水位很大，18 日上午我们沭阳县 200 多名新兵乘船渡过沭河，改乘汽车到新沂，乘下午的闷罐火车厢到达徐州营房，已是夜晚 9 点多钟了。

三个月的新兵训练，累啊、苦啊、饿啊我都坚持了。因是炎热的夏天，在烈日下的队列训练，脸上晒得起皮了，皮肤晒黑了，很多新兵出汗过多从列队中晕倒，但没有一个私自离队的。新兵训练中有一件事让我终生难忘。我们新兵班长是山东人，在开训的前几天人员报数时，因我排在第 6 名，我习惯地报“陆”，班长纠正后我非常警觉地改报“6”，有一次机关的一位参谋来操场检查，我注意力不集中又报“陆”，班长从后面狠狠地向我踢了一脚说：“都训练半个月了，怎么还是‘陆’？”并当场叫我连报十遍“6”。军营的严格啊，我从心灵深处打下烙印。新兵训练结束时，我还受到了嘉奖，经过部队的思想教育和严格的军事训练，坚定了我一定当一个优秀军人的信心和决心。

放下枪杆子，扛起竹竿子

我们应征入伍的身体条件是特种兵（坦克兵），新兵训练结束时一心想着是到坦克连队。坦克兵训练时，戴的是坦克帽，穿的是大皮靴，吃的是三类灶（伙食标准高），驾驶坦克多威风。可万万也没想到却把我分配到坦克团的冲锋枪连（步兵），吃的大灶伙食，背的是冲锋枪。时任连长张树森、指导员于新瑞、副指导员高哲芳、排长黄文林。副指导员高哲芳在给我们新兵讲话时介绍："我们是坦克团的保障分队，平时执行团的公差勤务比较多……"听了这些话，我的心凉了半截，可我是团员哪，还得讲鼓舞斗志的话啊。到连队不到两个月，连队训练是步兵的摸爬滚打，伙食是全团最差，当时饥饿是最难熬的。一次连队改善生活，在 100 多人的菠菜汤锅里，甩了几个鸡蛋皮在水面上飘着，几个新兵为了抢鸡蛋皮，把棉帽子掉进盛汤的大桶里。坦克连队的战士嘲笑我们说："冲锋枪连吃饭的碗最好刷，没有油水沾。"

1961 年，是国家三年自然灾害最严重的一年，部队的生活也很艰苦，战士口粮标准是每月 45 斤，上级号召每人每月要扣除 2 斤爱国粮，支援社会主义建设；团里号召每人每月要扣除 2 斤战备粮，准备外出训练和执行特殊任务时用。每月真正吃到我们肚子里的不足 40 斤。由于自然灾害，副食供应也很差，团党委为了保障春节期间营以上干部家庭的吃肉问题，决定派冲锋枪连到安徽凤阳县打野兔，保证营以上干部每家春节两只兔子，并保证师首长家春节吃肉的问题。

11月中旬，我们全连100多人乘火车到达安徽省凤阳县，住在离凤阳县城约四五十里远的一个村庄。我们到村上一看，整个村庄荒无人烟，院内室内杂草丛生，全村仅有的几棵大树，树叶和树皮全都被吃光了。全村只有几个干瘪的老人在呻吟着、支撑着，不时看到有野兔和老鼠在乱跑。我们听一位老人说，村上人能走的都出去逃荒要饭求活命了。看到这种情景，我们印证了当时社会上流传的，安徽省在自然灾害的影响下有几十万人饿死、上千万人流离失所的说法。

整理好食宿的第二天，连队开始研究部署打兔子的“战法”，全连三个排分为三个组，每组一张网，每人一根竹竿，这就是我们的全部“作战”工具。基本“战法”是每次事先把网拉开用竹竿支撑立在山坡上，战士们再围成三分之二个圆，把兔子往网上赶。因兔子是前腿短，在山地里跑只往上不往下，向下会扑空栽跟头的。网前埋伏着三四个战士，兔子撞网后跃上去捕捉。开始因选择地势没有经验，每天只捉10多只，后来每天能捉三四十只，最多时能捉到50多只。因我比较灵活，一个月后调整我去埋伏在网前捉兔子，一次因两人同时去捉一只兔子，兔子叫我抓住了，我的头也被那名战士碰破了，当时在碰破流血处捻上一把土，沾上一个树叶子没有吭声就继续干下去。我们每天都是6点起床吃饭，中午每人带上一个黑面蒸的像石头一样硬的馒头、一块咸菜，晚上7点多钟才能回到住处。记得有一次，三排的一位战士，平时体力较壮，他负责挑每天打的二三十只兔子，晚上返回的路上，因饥饿而晕倒在路边。返回住处后检查人数才发现，连队派出干部带10几个老兵原路寻找，9点多钟才把他背回住处。因当地人烟稀少，经常还有狼的出现，连队要求，离开住处必须3人以上，晚上岗哨每班2个人。因在新兵连时我的钢笔字写得较好，我在凤阳干了近两个多月，又被调到团军务股当文印员。后来又选送我到济南军区在新沂县陆军 202 师教导队举办的测绘员训练队培训半年。因此，我的识图、用图、绘图、标图、仿宋字、隶书字较好，为我后来在高级机关工作，以至于当领导干部后组织演习图上作业和指挥演练打下了较好的基础。

帮助班长写“情书”

新兵刚下连时，我的第一任班长叫苏步清，1958 年入伍，山东无棣县人。经过部队三年的学习，他认识了几个字，但报纸还看不下去，更谈不上会写信了。班长第一次回家探亲半个月，归队后找我三次，第一次是谈心，问我的基本情况，叫我在部队要能够吃苦耐劳；第二次还是重复原来的话；第三次看屋里没有人在，他很羞涩地说：“小张，帮我写个信吧！”我说给谁写啊？他说：“这次回家找个‘家里人’（爱人），她叫我回到部队给她回个话呢！她也不识字，叫我怎么回话呀？”接着他把意思说了说，我就替他写了写，写后念给他听。大概意思是：“秀花：我从家里回部队已三四天了，前段我回家，经二婶介绍我们认识，我看你人很老实，还会做针线活，咱爹、妈也没有意见，我也没有意见。我回到连队训练很紧张，过几天还要去安徽执行任务。你是老大，要照顾好大爷、大婶（女方父亲、母亲），明年春天暖和时，你可以来徐州看看。”班长听后非常满意，顺手从床下的抽屉里拿出一个生茄子送给我吃，算是对我的感谢吧！听说苏班长第二年回家结婚了。这是我第一次帮人写情书，也是最后一次吧。之所以记忆深刻，是因为我吃这生茄子非常香啊！

选调当文印员

1962年1月中旬的一个晚上，我们负责在网前捕捉兔子的三名战士，按连队的要求，正在研究第二天从网上捉兔如何配合协调，不能让撞网的兔子再逃跑的“战术”。连部的通信员让班长通知我到连部去一趟，说高副指导员要找我谈话，突然我的心情真有点像“小兔子”抓似的，奔奔地直跳。在去连部的路上，我反复在想，难道今天我犯什么错误了，还惊动了连首长谈话？

到连部后，高副指导员微笑地让我坐在铺上说：张建中你字写的不错，军务股通知，调你到团司令部当文印员，明天有车回团部送“兔子”，你随车一起回去吧。你在连队工作这二个多月干得不错，能吃苦，没有知识分子的架子，与新老同志团结也很好，到团部工作，要很为学习，努力工作，为我们连队争光。

我们连来安徽凤阳县打兔子已二个多月了，由于认真总结了如何看地形，如何下网，初步掌握了兔子的活动规律以及捕捉的方法，由开始一天能捉10来只，现在每天能捉30来只，最多一天能捉40多只，每周向团部送回一次，也是送我们的“战利品”吧！

一听说调回团部，我当时心里真是舍不得离开这个集体，回到班里对苏班长说：“我不想调走，不想离开咱们连队”。班长说：“这是调令，军人要服从命令啊”！躺在铺上，我反复在想二个多月我们总结打兔子的战法：“下网快、人散快、合围快、跑得快”，“网在山坡上、人在山坡下、挥动竹竿喊声大”。网前捉兔子是：“埋伏好、箭步跑、下手快、要抓牢”等等，基本上彻夜未眠。

回到团部的第二天，军务股徐金铭股长找我谈话说：“我们在新兵连就已考查你钢笔字写的不错，准备选你来当文印员，先让你到连队锻炼锻炼，现在团机关工作任务比较多，你先跟老文印员樊鹏月学习一下，到文印室工作要勤快、严谨、还要注意保密。谈话后保密员秦立华就把我带到文印室。

记得樊鹏月班长是 1959 年入伍，家是菏泽郓城的，约 1 米 7、8 的个头，长得白净，在机关战士中算是比较帅的，初中尚未毕业入伍，入伍前已结婚有了孩子，因年龄较大，要求退伍返乡照顾家庭，我是接他的工作岗位的。樊班长对我帮助很大，他退伍后一直没有联系，想起这段经历我很想念他。

当时的文印员，就是“刻钢板”印文件的，后来买了打印机，称“打字员”。对于刻钢板是怎么回事，现在的年轻人大多不知道，甚至也从没有见过。我记得到 1963 年团里买了一台打字机，即用手打的排字台机。有时文件多时还得刻钢板油印一些。

我刚到文印室得知，团机关需要上报下发的文字材料，必须刻印。人们把这种活儿称作“刻钢板”，刻印的工具是五大件，即钢板、铁笔、蜡纸、油墨、油印机。由于我在学校时钢笔字写得比较好，学习刻钢板比较容易，仿宋体、隶书、楷书都能刻出来，所以我到文印室没几天，工作就适应了，团机关的重要文件都交我刻字、油印。

我每天的工作程序是：一上班即把长约 40 厘米、宽约 20 厘米、厚约 5 毫米的钢板平放在桌面上，再取出蜡纸铺在钢板上，然后拿起铁笔，在蜡纸上刻写所需的材料。钢板的外边沿是木制的，钢板的内心是钢制的，一面是斜纹，用于刻写正楷、隶书、行书字和制图，另一面是布纹的，用于刻写横平竖直的宋体字或打格子。蜡纸是由一种两面涂有薄蜡的细棉纸制成的，上面印有五号字那么大的一行行方格，便于刻字时把握行距和排列文字。

铁笔的笔杆和现在的圆珠笔相似，笔头是一厘米多长“活”铁制针镶在笔杆的下端，用坏了或磨秃了可以随时更换。

刻字是个细心活，必须聚精会神，小心谨慎，稍不注意，便会把蜡纸刻破，或出现错字、漏字什么的，个别错字，有涂改液，错多了蜡纸就不好涂改，这可就前功尽弃了。钢板用的时间长了或者蜡纸受了潮，很容易使钢板板面挂蜡难用，必须经常用毛刷蘸汽油或者煤油刷洗干净，晾干后再用。刻字其实也是种累人的活儿，一篇5000字以上的文件刻下来，往往捏笔捏得手指发痛或发麻，眼睛有点发花。有时候急等着出材料，夜里还得加班刻印，就更辛苦了，好在我那时候精力旺盛，并不觉得累。

在钢板上刻字，与平时用钢笔写字要领和用力都不尽相同，右手拇指、食指、中指必须紧握铁笔杆下端，手腕要硬，坐姿要正，下力要均匀，字迹要始终如一，印出的文件才能清晰好看。工作半年后，我的中指、食指都磨出了厚厚的老茧子。

文字刻好后，还要用手工油印机印出来。油印之前，先把刻好的蜡纸放在油印机的纱框下边，用纱框四周的卡子卡紧，然后把所用的油墨倒进调墨盒里调匀，再拿起油印磙子，蘸匀油墨，在纱网上来回地推动，待下边的白纸上全部显现出清晰的字迹后，掀起纱框，将印好的纸页取下来，再放平纱框，印下一张。如果一次油印的材料较多，且领导催得较紧，需要两个人轮流替换。但不管是几个人操作，还必须是基本掌握油印要领的，稍不留意，印出的文件质量不高，或者手上沾满油墨，甚至衣服上都会有溅上油墨点儿，洗起来很麻烦，我们专业工作人员都配发有套袖和围裙。

1962年下半年，司令部首长又选派我到济南军区测绘员训练队学习半年，回来后我的刻钢板水平又有很大进步，印文件的质量也有很大提高。

考　验

在以阶级斗争为纲的年代里，因我家庭在新中国成立初期地方土改时被划为中农，年轻时经历了多次政治考验。第一次是1959年上初中选拔飞行员时，体检从县到地区都合格，政治审查时因家庭出身是中农，不是共产党革命的依靠对象（依靠对象是贫、下中农）而是共产党团结的对象，而没有被批准。第二次是1962年，济南军区选拔机要人员到机要学校学习，文化考试和体检都合格，又因家庭出身是中农，不宜到高级机密部门工作，而没被录取；第三次是入党，1963年，我当时在团军务股任文印员是非常勤奋的，因我学习过测绘，作训股也经常找我帮忙画图、标图，时任作训股参谋戴亦宗同志，江苏常熟人，是我当时非常崇拜和有才华的老师，因家庭出身是地主而没有被信任重用，1969年复员回家。当时司令部的股长、参谋都喜欢我，1963年第一季度被列为党员发展对象，报到政治处审批时，明确提出：党的阶级路线要求，贫下中农发展党员考察期是半年，家庭出身是中农的考察期是一年。因此我直至1964年5月经军务股长徐金铭、保密员秦立华二人介绍，才正式成为中国共产党党员。

入党之后不久，政治处即安排我回到冲锋枪连二排任代理排长，当时我们连在济南附近的普集靶场执行全军大比武的保障任务，我们连当年的新兵是从江苏常熟、江宁、高淳、沙州征集的，这些新兵都是吃大米长大的，大比武时部队伙食标准是1.8元，保障粮是全省调集的富强粉，生活很好，但这些新兵因没有大米吃准备私自离队。我们当时的主要任务是一面搞好任务保障，一面做好新兵的稳定工作。在几个月的保障任务中，因完成任务较好，我受到了表扬，并列入10月份的提拔干部名单，去掉“代”字，正式任命为排长。团党委在审定时，又因我家庭出身是中农，不能列入1961年度兵第一批提干，因此，我是1961年度兵第二批1965年1月提升为冲锋枪连二排排长。

亲历天津抗洪抢险一线

1963年，仍是国家三年自然灾害的恢复时期，六七月份山东、河北、河南等省份雨量偏少，庄稼受干旱的影响较大。8月上旬的几次强降雨，造成了淮河、海河流域暴雨成灾。据有关资料记载，当时的10天降雨量超过1000毫米的地区面积有5430平方公里；超过500毫米的地区面积有43800平方公里。暴雨的范围之广、强度之大、洪量之巨都居本流域有水文记录以来的榜首。10天的暴雨，流域内的新乡、安阳、邯郸、邢台、石家庄、保定、衡水七座地级市被淹，这在海河流域历史上是第一次出现。天津地处“九河下梢”，8月10日以后，暴雨虽止，但南北来水都汇集于天津外围，在水临城下的危急时刻，“抗洪抢险，保卫天津”的任务引起了党中央、国务院的高度关注。

根据济南军区的命令，我所在的部队坦克第二师8月17日奉命担任抗洪抢险任务，当时尚未明确出发时间。接到任务后，我们团层层进行思想动员和组织准备，22日团还搞了一次全副武装紧急集合到火车站的登车演练。24日22时30分团接到赴天津地区执行抗洪抢险任务的命令。接到命令后，全团官兵全副武装，经过6公里路的强行军，步行半小时到达指定集结地点。25日2时30分由徐州车站出发，经过21个小时的铁路运送，于当日23时32分到达河北省静海县陈官屯车站。

部队到达陈官屯地区时，津浦铁路沿线平均水深2米，南运河西堤平均水深3米多，举眼望去，一片汪洋大海中到处有船只在救人。运河大堤距保证水位只有10~20公分，水位急剧上涨，铁路和运河岸堤处处告急，塌方、决口、漏水不断发生，稍有风浪就有决堤危险。情况十分紧急，严重威胁到人民生命财产的安全。上级提出的总任务是："保卫天津、保卫津浦铁路、保卫静海县。"根据上级命令，我们部队是执行5.08公里护堤，15.6公里铁路的护路任务。经过16昼夜的苦战，完成了抢险加固运河大堤和铁路护基加固任务。我作为当时团机关的文书，耳闻目睹了这场惊心动魄的抗洪抢险"战斗"。

——感动了老大娘。坦克四连驻地的一位70多岁老大娘，由于怕家中仅有的粮食和家禽被人偷走，家中和村上所有人都撤离了危险区，她坚决不走。开始由于怕水淹，就夜晚上河堤躲水，白天回来看家休息，二连的同志发现后，就白天接，晚上送。后来老大娘看抗住了洪水，感动得跪下泪流满面地说："我这几天祷告菩萨的事你们都做了，我再也不敬菩萨了，我要信解放军，信共产党，要敬毛主席。"

说着她就把她家供的天地之神搬倒，换上了毛主席的像。当地群众也称赞道："真是哪里有解放军，哪里就有平安，再大的灾难也能克服，就能保住土地和家园。"还有的老人感动地说："过去我们的小孩唱东方红、太阳升，不觉得咋样，看到解放军的行动，现在我们听东方红、太阳升，中国出了个毛泽东，真是越听越爱听。"

——组成人墙挡急流。坦克五连在抢堵20号桥漏水时，由于水流过急，沙石袋下沉还得用人压，在这危急关头，全连干战奋不顾身跳入水中，臂挽臂组成三道人墙，挡住急流，然后再沉沙石袋，连队有10多人在水中连续作业10多个小时。连长冯锡斋，浙江人，年近40岁，在水中指挥作业3个多小时，手肿得不能打弯，仍坚持水中作业不上岸，直至水堵住了才最后一个上岸。很多战士脚被石子划破了，鲜血直流，仍顾不上上岸包扎，他们说："挡住洪水要紧，流点血算什么！"

——与蛇共铺。当洪水猛涨，威胁到村庄安全时，为了保证部队人员安全，团命令：部队官兵全部撤到铁路路基上露宿。白天我们到处可见水面上有蛇、老鼠等动物在游动，晚上可以见到像灯泡样的光亮在漂动。我们睡在铁路路基上每人有两个草垫子，由于我们睡的草垫子下是温暖的，下面路基是石子，蛇在无处藏身时，我们每人的铺下都盘有几条蛇，一动也不动。过去我最害怕蛇，这次看到在灾难中，毒蛇也是比较友好的。

——后勤保障更艰难。此次抗洪抢险，后勤保障的特点是任务急，情况多变，供应线长，需要量大，消耗快，陆地交通不便，部分道路被水隔断，缺乏运输工具，困难是相当大的。为了保证一线需要，团将机关工作人员组成一个保障队，负责运送草袋、器材，送水、送饭，团部驻地离工地大约有六七公里，天上烈日暴晒，地上道路泥泞，我们每天要往返工地五六次，无论是风里雨里，都要按时把器材送上去，饭、菜和水及时送到。每人每天都要背扛、肩挑四五十公斤重的物资走五六十公里的泥泞道路，没有一个叫苦叫累，始终精神饱满。一次在运草袋的途中，由于道路被水冲，不慎翻车，我和几名战友从车上翻到水沟里，我被压在下面，当时腰下肢部位阵痛，但又不能"下火线"，就忍着痛和大家一起抢运物资，由于当时年轻，就一直坚持着。后来就经常感到腰痛，特别是阴雨天更明显。1985年我当部长体检时，才发现腰椎胝骨骨裂劳损。

——在生死考验中，个别干部畏缩不前。60年代末70年初，全国上映的电影《战洪图》，是以天津抗洪抢险为背景拍摄的，当时看了影片中很多惊险的镜头，还历历在目。当时现场的艰巨性、危险性是不可想象的，对每个人的生死考验不亚于在战场上，不亚于去奋不顾身炸碉堡。在这场惊心动魄的生死考验面前，绝大多数干部英勇顽强，指挥在一线，危险向前站。但也有个别同志畏缩不前的。8 月 28 日下午，某营工地险情严峻，该营领导见水势凶猛急剧上涨，路基严重塌方，未经请示上级批准擅自将部队撤下来，事后营主要领导受到党纪处分。某连在静海北堵 6 号涵洞时，该连干部见水势涨得快，路基塌方多，将部队撤回驻地打被包准备撤退。也有个别战士见水情紧急，表现出惊慌不沉着和不同程度的畏缩情绪。

难忘的教训

和平时期，对一个人来讲能够打烙印的事不多。在那时刻听从党召唤的年代里，人们对升迁、变动、受奖等想得不多，要的、跑的、送礼要求进步的没有听说过，因此对自己思想影响不大。在狠斗“私”字一闪念的年代里，只允许你好好工作，不允许你思考个人问题。我在年近七旬、回忆过去时，往事像过电影一样出现一个一个镜头，有两件事使我终生难忘。

一件是：1965 年 5 月份，按连队的训练安排，我在团射击场组织我们排练习冲锋枪实弹射击，射击前我对全排进行了思想动员，特别强调了安全保障，讲解了射击要领和当天风向对射击的影响，并做了示范动作要领演示。为了消除新战士的思想压力，我安排了三个班长和老兵先打，开始成绩较好，进展顺利。轮到新兵打时，我安排每名新兵射击时都要有一个老兵在身边把握，轮到第5名新兵杨兴隆同志射击时，由于他心情紧张，枪托下落，枪口抬高，10发子弹全部打出避弹墙弹头落在后山上，不一会，后山举起红旗，高喊打死人了。我们发现后，立即停止射击向连长报告。连长孙即文随即带领人员到后山看望现场。经勘察的结论是：子弹打在石头上又跳弹，击中在侧面训练的炮兵团有线连战士胸膛，这名战士当场死亡。这是一起亡人事故啊！我在给团党委的检查报告中讲：是我组织射击训练不够严密，安全措施不落实造成的，我愿意接受团党委给我的任何处分。团机关在对现场勘查后认为，跳弹是意想不到的因素，至此认为，此次亡人与我无直接责任，新战士杨兴隆同志也没有受到影响，只是在连队军人大会上对我点名批评，但是我的教训深刻啊！

另一件是：1966年5月份，我当排长已一年多了，由于平时要掌握的时间节点很多，老排长都有手表用，我认为是工作需要吧，星期天和一名老班长一块儿到徐州市花120元，买了一块上海牌手表，当时要花两个多月的工资啊！买回连队后开始不敢带，后来偷偷带在衣袖内，晚上拿出自己欣赏一下。一天训练中叫副指导员高哲芳发现了，当时问我买手表报告了没有，我回答没有。晚上高副指导员找我谈话，从阶级斗争到和平演变，从部队进城后敌人的糖衣炮弹到个别干部蜕化变质，从一双袜子一件衬衣到一块手表一辆自行车，讲到一个干部蜕化变质是从小事开始的，干部在艰苦朴素上要处处起带头作用等，说我这是资产阶级思想在抬头，并要求我重温毛主席《为人民服务》和《在党的七届二中全会上的讲话》两篇文章，要在党小组会上作深刻的思想检查。解放军的传统是连队有党支部、排有党小组。在排周六的党小组会上，专题讨论我买表的问题。在我检查的基础上开展批评。回想起来，这件事不大，但对我后来的发展、严格要求自己、处处起模范带头作用、生活上树立艰苦朴素的作风等，教育和影响是深刻的。

执行“五七”指示

在 1966 年 5 月中央政治局扩大会议期间，毛泽东主席于 5 月 7 日在审阅林彪呈送的总后勤部关于部队农副业生产报告后，给林彪回信，指出：“人民解放军应该是一个大学校。这个大学校要学政治、学军事、学文化，又能从事农副业生产，又能办一些中心工厂……”信中勾画出了他所向往的理想社会主义的蓝图（后来称为“五七指示”）。这在当时被高度评价为在全国建立“共产主义的大学校”的纲领。我所在部队就是根据上级的部署安排，执行毛主席的“五七指示”，办好解放军大学校的要求，开赴山东鱼台县执行军农生产任务的。

鱼台县，位于山东、江苏、安徽三省的交界处，东濒微山湖，闻名世界的京杭大运河从其东部穿流而过，南与江苏省徐州市毗邻，距我们部队驻地 100 多公里。县境内地形平坦，土壤肥沃，水源充足，生物种类繁多，光热充沛，四季分明。水资源条件得天独厚，河道纵横，有大小河流 17 条，其中东西流向 9 条，南北流向 8 条。几百年来，在北方传统农业的影响下，这里的农民始终种着产量极低的玉米、小麦等作物，使大量的水资源白白地浪费，农民过着贫穷落后的生活。

解放军执行生产任务，是毛泽东同志缔造这支人民军队的建军宗旨之一。土地革命战争时期，毛泽东在南泥湾开展大生产运动，王震同志带领的 359 旅，就是大生产运动中的模范，粉碎了蒋家军对延安的经济封锁，营造了陕北“小江南”的卓越功绩。有一首歌曲《南泥湾》，就是赞扬 359 旅参加大生产运动的，这首革命歌曲教育和影响了几代人；之后毛泽东又提出了解放军是战斗队、工作队、生产队，使解放军保持和发扬与人民群众唇齿相依的本质不变。新中国成立后，解放军大规模地搞农副业大生产，还是从1966年执行毛主席的“五七”指示开始的。

1966年9、10月份，我所在的坦克二师所属四个团，有两个团执行生产任务，我们团团部驻在山东省鱼台县李阁公社所在地。我当时在团政治处当书记，因我经过正规的测绘员训练，大地测量和绘图较好，团政委路天才先期搞土地勘察测量和农场规划时，走到哪里都要带着我。当时土地是集体所有，我们根据当地的道路，水渠、河流等自然条件，规划了3000多亩的旱田改水稻田的农场用地，后来称为“李阁农场”。

鱼台县农民几百年都是以种旱田为生，有很多老人连大米都没吃过，听说解放军要把他们的良田改种水稻，思想不通，有的是极力反对，想把部队赶走。因当时是县革委会主任张呈震同志支持军队的旱改水做法，当时的红卫兵造反派认为，他是为了支持解放军捞取政治资本，为此张呈震同志还被造反派们揪去戴上“高帽”，举着“稻草”游街示众。

1966年冬季，部队按分配的任务，主要是整地、挖渠、修水闸的任务。整个冬天除雨雪天在驻地搞点政治学习之外，其余时间都是早出晚归两头不见太阳，每天干活要在12个小时以上，很多战士手上的老茧是左一层、右一层，有的还养成了在行走时边走边睡的习惯。这一冬天基本完成了旱田改水田的土地整修任务。

我们部队多数是北方兵，战士们吃不惯大米，有的连水稻都没见过。我们连1964年有一批江南兵，他们在家也只是会插秧栽苗，整地也没有干过，但他们还是插秧的骨干哩！有位江宁县的新兵发牢骚地说：“我要知道当兵是种水稻的，还不如叫我父亲来呢，他干得比我好，还能当老师教大家学会种水稻。”还有的同志嘲笑地戏说：“我们把装甲兵变成庄稼兵了。”就是这样一帮旱鸭子经过了一个多月的培训，干部战士基本掌握了种植和管理水稻的基本知识，在连队聘请技术员的指导下，在鱼台县开始了大面积的种植水稻。

经过部队的试验、推广、宣传，我们部队在鱼台县种植水稻成功了，第三年我们团的亩均产量超过了千斤。当地的农民也主动上门学习种植经验了，鱼台县还在李阁公社召开了推广水稻种植的现场会。我们在鱼台县试种水稻的成功，引起了山东省以及国家农业部等部委的重视，赞扬是在北方推广种植水稻的一面旗帜。现在人们誉称鱼台县是“江北鱼米之乡”。鱼台县及当地的老同志们回忆说：“这是部队对鱼台县农业发展作出的历史性的贡献。”1969 年秋季，我们部队轮换回徐州营区执行战备训练任务。

俭朴的“婚礼”

1959 年夏天，由我二爹家的大姑介绍与我的老伴任林凤同志相识，大姑和任林凤家住在新沂县黑埠乡上旺村的同一个村庄。我是张家的长子，父母想儿子早结婚早抱孙子。

当时，我在阴平初中三年级，尽管在学校有要好的同学，但不能违背父母的教诲，我在校公开声明在家“有对象”了。相识不到两个月，我与任林凤就到我家所在的李圩乡政府领取了结婚证（当时叫订婚），时年 17 岁。

我远房的叔叔张永科，在他兄弟中排行老五，我们都称他五叔。抗美援朝回国不久，1958 年即转业到沭阳县筹建沭阳棉麻纺织厂并当厂长，因工厂急于招收工人，我们订婚不久，任林凤就被招工到沭阳麻纺厂上班，并第一批派到江苏无锡纺织厂学习技术，约半年时间。

1960 年 9 月，我考上沭阳中学读高中时，时而星期天我去五叔家。五娘金宝玉是吉林省延边朝鲜自治州人，朝鲜族，在入朝志愿军医院当护士，五叔在朝鲜战场受伤住院，在医院护理期间相识结婚。汉语讲得不好，但为人贤惠，对我们家乡人非常有礼貌，对五叔及孩子关照特别好，听说这也是朝鲜族女人的家庭风俗，我每次去她家，五娘就把任林凤叫到她家，一起吃顿午饭。

1961 年 7 月，我参军入伍后，任林凤同志仍在麻纺厂上班，有时放假回家时，到我家看看我的父母，帮助家中做点农活。1962 年，正值国家三年自然灾害时期，党中央号召城市人口到农村去，支援农村的社会主义建设，任林凤同志响应号召，第一批报名连同户口一起迁回到农村，回到家乡参加农业劳动，她回到家乡后才写信告诉我，不在沭阳麻纺厂上班了。当时我还有点埋怨五叔，自己的家里人怎么也不关照一下，从农村好不容易到县城，又回到农村去啦！那时候，党中央的号召，各级领导都带头遵守和执行，这就是老一辈革命家的党性和个人风范啊！

五叔因在家中吃不饱饭，给地主放牛挨打，跑出去参加的八路军，当兵后学了点文化。在部队，他性格刚强，作战勇敢，勇于吃苦，从战士提升到营教导员。转业地方后，为人正直，对党忠诚，不徇私情，他这样做我们完全理解尊重他。

任林凤同志回到家乡后，除积极参加生产队的劳动，业余时间还经常参加乡里组织的宣传文化活动。因我在部队，她还经常去我家帮助父母做些家务活。1964 年秋天，我第一次休假探家时，她正在我家帮助秋收，看她晒得黑黑的脸庞，当时真是有些感动。

1965 年 12 月 31 日，我父亲带着任林凤，并随身带着家中准备的棉被、枕头、床单，乘火车来到徐州，早晨 6 点多钟，我从火车站接他们到部队吃的早饭，这天是 1966 年元月 1 日，部队放假。

之前，我已向组织报告，我和任林凤是 1959 年领的结婚证，元旦我们举行个“婚礼”，就正式结婚了。与我同在团政治处组织股工作的干事黄克斌同志，因他比我大几岁，也算是老大哥，我让他操心组织一下。

当天晚上，我准备了一斤瓜子、两斤水果糖、两包大前门香烟，喝的白开水，一共花了 18 元钱。黄克斌同志告诉了宣传股干事马恩琪、章立，政治处书记朱成勉，共四人，在我的宿舍，由黄克斌同志宣布：张建中、任林凤同志结婚。大家在欢笑声中，不到一个小时“婚礼”结束。因我要随团首长下部队蹲点，任林凤和我父亲只在部队住了 5 天就回家了。元月 5 日，早晨 7 点多钟，我与同乡秦立华保密员送他们上火车，因旅客拥挤，我们还没来得及下车，火车就开动了，我与秦立华同志只有到前面第一站贾汪车站停车才能下车，下车后我们跑了近两个小时，才回到部队。

家中父母为我们结婚，准备了堂屋的西厢房，用椿木做了一张时兴的床面雕花的新床，买了新蚊帐，做了一套新的被褥等，任林凤家陪嫁的是一只皮箱、一个木橱及衣物等。

1966 年 12 月下旬，我休假探家时，我们才第一次共同住进家中的喜房，这时，我们的女儿张丽萍已出生一个多月。

部队基层八年的反思

我入伍后一直在坦克二师坦克四团，1969 年 11 月调济南军区装甲兵政治部干部处当干事。回顾我在基层这 8 年，从战士到干部，从连队到机关，从部队训练到执行生产任务，我深深体会到：解放军确实是一所大学校。在这所大学校里，学军事、学政治、学哲学、学管理、学做人的品德等，使我得到了全面的锻炼和提高，把我从一个青年学生，培养为团政治处的组织股长（正营级），这段经历为我人生的做人、做事以及今后的发展打下了坚实的基础。

这 8 年的经历，勤奋好学是我发展较快的重要因素。处处留意皆学问，在机关当兵三年，在团首长身边工作，向他们学到了很多为人处世的思想方法，向机关干部学习了一些办文办事的基本程序。为后来我在军以上机关工作，打下了较好的基础。到连队当排长，虽然我军事技术基础较差，但能够虚心向连队干部学习，向老班长学习。当时部队正处于 1964 年全军军事大比武的热潮，我利用一切时间，比别人多练几分钟，多瞄几枪，多问几次，在不到两个月的时间，体育项目的单杠、双杠我能够从第一练习做到第八练习；轻兵器射击、冲锋枪、机枪、步枪三种武器，我的成绩都在良好以上。我的自身素质提高了，军事训练时敢说“看我的”，带兵和管理也就有威信了。

其次是组织的关心和培养。我的第一任团长李友连，是个 38 式战斗英雄，部队进城后开始学习文化。据说是在 50 年代中期，部队在山东胶东演习时，团部驻地房东看上了团长，后来把女儿嫁给了他，团长才成了家。团长对部队管理严格，说话有时粗鲁，平时很严肃，有的战士讲“当三年兵没见团长笑过”，但团长待部下、待战士很亲切。团长是江苏省沭阳县人，一次部队打靶，成绩较好，他很高兴时，喊我：“小老乡，当好兵就要能吃苦啊，你们学生兵更应该克服小资产阶级思想，虚心向老兵学习，不断改造自己，才能当一个五好战士。”当时，我很激动，心想：平时很严肃的团长啊，你对我这般亲切教诲，我会铭记在心的。团政治委员刘德一，山东省五莲县人，当兵前读过几年私塾，因他有点文化，团的大小会议，他讲话较多，部署工作像拉家常一样，没见他发过火，批评过人。因他爱人朱阿姨在徐州市工作，当时连自行车都没有，只好住在厂里。为了照顾刘政委平时的生活，机关协理员派我住在政委宿舍，兼做警卫员的工作，平时在机关上班，下班后为政委打开水和洗洗衣服。但他从来不让我为他端洗脸水、洗脚水。为刘政委服务一年多时间，他平时经常给我讲一些为人民服务的道理，经常督促我学毛主席著作、学哲学、学英雄的先进事迹等等。我深刻体会到解放军的官兵平等，官爱兵的深厚感情。副团长蒯万程，安徽省六安人，原是某军校教官，军事理论较好，说话耿直，不善言谈。他夫人姓侯，据说新中国成立前是在街头卖花生的女孩，因长得漂亮被副团长娶为妻，首长和其家属们都喊她“小侯”，我就称“老侯”了。老侯同志生活俭朴、能吃苦，心地善良，除了照顾好蒯副团长和孩子之外，平时经常打扫周围的环境卫生，谁家有困难，她都能主动去帮助，我的第一个孩子不到一岁来队时，她听说了，孩子的尿布、衣服、鞋子、奶瓶都是她为我们准备的。机关干部们都非常敬仰这位“老侯”大姐。因她在家属中威信较高，后来发展她为共产党员，当团家属委员会主任。副政委张华全，是从装甲兵青年处副处长下到团任副政委的，文化基础较好，文字水平和语言表达能力在团首长中都属上乘，各种场合善于表达自己的观点，接受新事物较快，后来任团政委、师副政委。在“文化大革命”中，组织派他参加了时任党中央副主席王洪文举办的“学习班”，回部队后受委派参加了济南军区“批林批孔”领导小组办公室，听说其间有些过激言行，“文革”后期清查“5·16”分子时受审查一年多，和他同时参加“学习班”的南京军区魏金山就没有受影响，后来还委以重任，当上海军的政治委员。团参谋长邹远谋，广东人，因他父亲是中国人、母亲是英国人，所以他是个混血儿，黄毛卷头发，黄眼球，满脸大胡子，他的两个孩子也很像外国人。据说他是国民党坦克部队起义过来的，坦克专业知识较好，军人姿态好，在营区整天穿着坦克皮靴，语言表述较慢，待人态度和蔼。后来转业回广东省地方工作了。团政治处主任曲光贵，山东烟台地区人，部队基层政治工作经验比较丰富，文化程度不高，但即席讲话的语言表达能力很好，我当政治处书记时经常带我下连队蹲点，有时一事一事地教我如何做思想政治工作，最后任师副政委在济南休息。这些团首长对我的教诲和影响是终生的。

再是当时的部队政治环境较好。我们这批兵入伍之前，部队征兵很少有初中生，从战争年代过来的干部中文化程度普遍较低，我们入伍后当然就是所在单位的“秀才”了，这为我们创造了施展才干的平台；70 年代初期，部队大批选拔培养年轻干部，当时要求团、师、军分别要有 20、30、40 多岁的青年干部，这对我的个人晋升也是个机遇。当时的部队风气好，真正落实毛主席任人唯贤的干部路线，为年轻的优秀人才脱颖而出创造了好的环境。

第五章　在军级机关的磨练

1969 年，“文化大革命”大串联、大动乱的局面刚刚趋于平静，由于受极“左”思潮的影响，军队和地方一些别有用心的人相互串联，在军区机关煽风点火，伺机搞乱军队，酝酿在军区机关发动开展“四大”，即大鸣、大放、大字报、大批判。当时，军区首长和机关领导一方面考虑要保证部队稳定，另一方面考虑要加强机关干部队伍的思想政治建设和组织建设，从部队选调一批政治思想坚定、文化基础较好、年轻有基层工作经验的同志到军区机关工作。在这个大背景下，我从坦克二师四团政治处组织股长被选调到军区装甲兵政治部干部处任干事。从此，我在军以上机关工作 20 多年。

在“无派”中坚守工作岗位

“文化大革命”作为中国历史上灾难性的一段历程已经过去，但它对于我们曾经历过这场“革命”的人来说，毕竟是一场考验和思想历练。

“文革”初期的 1966 年 10 月，我们部队奉命离开徐州到山东鱼台县执行军农任务，徐州市红卫兵中“支派”和“踢派”

两大派性的斗争，对我们部队影响较小。部队虽然派出部分干部参加当地济宁地区、金乡县、鱼台县等地的三支两军（支左、支农、支工、军管、军训）工作，但由于离济南市和徐州市区较远，地方的派性斗争对我们部队影响还不大。按军委关于派出部队执行“三支两军”决定的要求，“三支两军”的中心是支左，即支持地方的“革命左派”。然而，“支左”所面临的首要问题是：谁是左派？依据什么标准来确定左派？这在当时条件下是很难判定的问题。部队干部对地方的情况不熟，长期的传统教育又使他们难以理解和认同“文化大革命”中流行的种种极端行为。“支左”之初，绝大多数部队干部、战士倾向支持那些党员多、干部多、老工人多、比较注意政策纪律的群众组织。但也有个别干部陷入了地方的派性斗争，甚至与造反派同流合污。这三年，我一直在团政治处坚守工作岗位，坚持部队的正常工作，不参与对地方红卫兵两派的议论，不参与部队内部两种派性观点的争论。因此，当时部队很多同志说：“张建中是不关心国家大事，只埋头拉车，不抬头看路（指政治斗争的方向）。”

1967 年夏季毕业的大学生和部分在校生，因地方政权瘫痪和学校混乱而无法分配工作和复课学习，当时，党中央为保护这批学生不受社会上无政府主义思潮的影响，而把他（她）们分配到全军部队农场劳动锻炼，我们团所在的李阁农场组建了两个“大学生连”，按班、排、连建制，部队派出连、排干部管理，一切生活由部队供应保障。这批大学生有清华、北大、南开大学、山东大学等全国二十几所院校的学生，他（她）们来自不同城市、不同院校，“文化大革命”中派别观点不同，刚到部队时还在争斗不休。因当时政治处领导委派我兼管大学生连的学习训练和管理，开始各个地区、各院校、各派别的大学生有找我评理的，有说服争取我支持的，甚至还有几个人集体找我说：“这是党中央在迫害他们，他们强烈要求返校闹革命。”我面对这些学生中受派性思潮影响的情绪，一方面积极向领导汇报，在团党委中统一思想，做好学生稳定的工作，一方面始终高举团结的旗帜，不参与任何派性言论和派别活动。经过一年多的学习训练和劳动锻炼，这批大学生绝大多数气顺了，感情融合了，有的还主动反思自己过去的错误做法，个别同志还被发展为共产党员。他们对我的感情也从疏远到理解，从理解到信任，很多同学和我还结下了深厚的友谊，他们分配工作后有 20 多位同学和我还有书信联系。

1969 年底，我调到济南军区装甲兵机关工作，当时装甲兵机关与军区司、政、后同在一个办公大院。正值军区机关受山东省及济南市派性斗争影响较为严重的时期，地方红卫兵造反派不时还有冲击军区机关办公大院的，机关办公大院内也时常有张贴大字报的，上班后也有三五成群争论的，个别串联的，军区装甲兵领导和机关干部中两派观点也逐步在显现。我们干部处当时有七八个人，在时任处长邹积芳同志带领下，认识基本一致，属于保守的一派观点，但也时而参与和对方的争论，书写批判对方的大字报等。这期间，我始终是在处里坚守工作岗位，既没有派出参加“三支两军”，也没有参与派别争论和串联。在“批林批孔”的一段时间内，机关基本上不能正常上班，但我仍然坚持按时上下班，几位个别思想激进的同志围攻我，要我交出装甲兵党委研究干部的记录，我坚持两个多小时说服他们，维护了党委的机密。在“文化大革命”后期，济南军区任思忠副政委参加的装甲兵党委扩大会议，会议开了 30 多天，当时个别装甲兵首长个人检查不过关，党委还委派我帮助这位首长提高思想认识，深刻检查自己的错误哩。当这位领导同志再次发言检查自己的错误时，还得到了与会同志的热烈掌声。

“文化大革命”是由领导者错误发动，被反革命集团利用，给党和国家以及全国人民带来严重灾难的内乱，被彻底否定了。但他从另一方面给人们从全方位、多角度的辨别是非、识别敌友、考验忠奸是一次全面的检验与识别。这不能不说是内乱中对社会发展的有益贡献。

在这场长期、复杂、被实践证明是一场严重错误的政治斗争中，我通过认真的学习和反思，认为它锻炼了我观察、分析和处理复杂问题的能力，培养了我对党、对组织忠厚诚实的思想品德，也使我逐步养成了独立思考、慎言慎行的习惯，促使我在政治上更加成熟老练。这也是我人生的一大财富啊！

到“五七干校”劳动

根据毛泽东主席的“五七指示”和关于军队是一所大学校的要求，1968 年 12 月 14 日，济南军区党委发出《关于开办“五七干校”的指示》。指示要求，开办“五七干校”，要以毛泽东“五七指示”为指针，以黑龙江柳河“五七干校”为榜样，以农为主，尽量以原有农场、马场为基础举办。开办“五七干校”，要发扬自力更生、艰苦奋斗、自己动手、勤俭办一切事业的精神，把干校办成非常革命化的毛泽东思想大学校。《指示》规定，去“五七干校”学习和劳动的对象，主要是团以上领导干部以及准备退出现役的营职以上干部。《指示》要求，“五七干校”要以军或师为单位开办，由开办单位党委直接领导。各单位可在现有农场中划出一部分土地作为试点，取得经验。干校不宜过分集中和庞大。干校的领导机构除正、副校长和正、副政治委员外，可设政工、生产计划、管理 3 个组，根据生产规模和学员数量，编成若干生产队。干校所有的工作人员，均从批准去干校的干部中解决。各单位“五七干校”的名称，均以所在地命名。办校的资金、住房、生产工具和工作人员的生活待遇等问题，按照总后勤部《关于军队开办干部劳动学校若干问题》的通知执行。

经中央军委批准，济南军区于 1976 年 2 月 28 日组建昌乐“五七干校”，驻昌乐县五图营房，执行师级权限，归属军区领导。时任校长为六十七军副参谋长刘玉德，政治委员为守备四师政委王安让。

根据济南军区《指示》的要求，各军级和直属师级单位都组建了“五七干校”。昌乐“五七干校”的学员只来自军区司令部、政治部、后勤部机关及其所辖部队，军区炮兵、装甲兵机关及其所辖部队。1977 年，我当时是装甲兵政治部干部处三位处长中最年轻的，在政治部推荐学员时，时任干部处长邹积芳和政治部首长都比较为难，因当时的黑龙江柳河“五七干校”是以农为主，主要是劳动，所以人们对去干校学员的理解：一是编余的，二是准备退出现役的，三是“文革”中有这样或那样错误的。按照当时大家对干校“学员标准”的理解，在当时装甲兵机关形成的两派中，谁都不愿意派出自己的人去“学习”。当军区催报名单党委无法决定的情况下，我主动找到邹处长，表示我去干校学习。理由：一是在处长中我年龄最轻，二是避免再产生新的派性影响。时任干部处长邹积芳感动地说：“你这个大局观念，我代表政治部首长感谢你。”

昌乐“五七干校”第一期学员 8 月初开学，学制半年。入学后我们得知：除校领导外，机关设政工组、生产计划组、管理组。除政工组配有少量教员，其余工作人员均是从入校的干部学员中解决。我所在的二区队区队长是军区后勤十分部副参谋长江柱同志。学校在开学动员中要求：不管在原部队担任什么职务，来干校学员都是普通一兵，互相称谓直呼其名，实行连队日常生活管理。理论学习和生产劳动的时间比例是3:7。我们区队分工的任务是：部分果园管理、玉米和大豆的田间管理。因为我们是第一期，对干校的整体田园规划是做打基础的工作，所以挖沟渠、打田埂、疏通渠道任务繁重，整菜地、整果园、整理校区环境任务繁重。

根据学校的课程安排，每周是四天劳动，还经常是星期日加班，两天是理论学习和过组织生活。由于各区队分配的任务重、劳动量大，我们经常是早晨起床后即吃饭，下午天黑前收工，中午送饭到工地。因请假一天要经校领导批准，很多身体不太好的老同志带着药片到工地，边干活边休息，有的年轻干部说："我入伍前在家也没有干过这样重的农活啊！"半年时间里，我穿坏了两双新解放鞋，穿破了两条裤子。

学校要求纪律很严，因管理干部少，要求学员之间互相监督和举报。因此，学员间互相谈心聊天的很少，因劳动很累，娱乐活动也很少。记得，半年时间我只给济南家中写过一次信，给处长打过一次电话汇报情况。半年学习结业时，我受到了区队的表扬。回想当时是：脸晒黑了，体重增加了，两只手的老茧退了一层又添一层，衣服上补丁是一块又一块。可喜的是，这半年，我离开了济南，离开了装甲兵机关，没有受到机关的派性影响，我的心情是愉快的。

任副处长八年

1969年11月，我是正营职调入装甲兵政治部干部处当干事的，处长邹积芳同志是抗战时期入伍，干事刘清轩后提升为副处长，是解放战争初期入伍，他们同是 1928 年出生。因军队干部参加“三支两军”，干部的管理和调配任务繁重，又增加一名副处长朱永祥同志，是新中国成立前入伍的；干事张春生同志，是 1958 年入伍，也是正营职调入机关的；干事王春庭同志是 1960 年入伍，年龄也比我大两岁。我当时在处里算是最年轻的，文化程度较高，字写得较好，因我在团一级做过干部工作，处长分工让我协助刘干事负责干部的任免工作。

干部任免，在干部工作中任何时候都是比较敏感的岗位，也是领导非常信任的工作岗位，我知道自己的责任重大啊！接替工作后，除上班时间正常工作和学习外，晚上和节假日我基本都在办公室学习军队干部工作政策、法规，逐个查看正营职以上干部档案，熟悉了解干部个人的基本情况。我当时记忆力较好，不到半年时间，装甲兵系统近 500 名正营职以上干部的基本情况我能背出来。熟悉干部情况是做好干部任免工作的基础，因我熟悉干部工作的有关政策和干部基本情况，当时的领导下部队工作组，也都喜欢叫我参加。

余秋里上任总政治部主任后，1972 年，在广州军区进行了选拔年轻干部试点，当时要求各级领导班子必须是“老、中、青”三结合。试点后，在全军干部工作会议上要求：团级班子要有 20 几岁的，师、军班子要有 30 几岁的，大区班子要有三四十岁的。因此，在全军出现：珍宝岛战斗英雄孙玉国同志，从 30 多岁的副团长直接任命为沈阳军区副司令员，对越自卫反击战的战斗英雄陈代富，从营教导员直接任命为武汉军区副政治委员等。

因为当时选拔配备年轻干部不受编制限制，1973 年 3 日，我由正营职干事提拔为干部处副处长，当时 31 岁。因我当时是装甲兵机关中最年轻的副处长，干部处又配有三位副处长，我当时认为，这是领导对我的培养信任，我只有埋头做好工作的责任，尊重老的，团结新的，埋头干好自己的，带头下部队考核干部，带头完成艰苦的工作任务。

1975年，军队干部转业地方工作的制度恢复后，我又负责军转干部工作，中断了10多年的军队干部转业制度刚刚恢复，很多干部转业的政策规定是沿用“文革”之前的。基本政策是：干部入伍是哪里来的，转业就回到哪里去。记得在一次军区转业干部工作会议交流情况时，军区后勤的一名干部原籍是台湾的，无处可交。很多红军时期参加革命的老干部子女转业，交回革命老区。突出的印象是，当时被审查的济南军区袁昇平政委的孩子转业要交回江西。很多抗战时期、解放战争时期入伍的干部要转业回原籍。因此，造成了不少新中国成立后在当地城市找对象的干部因爱人不愿意离开而离婚，本人服从组织分配回到原籍工作。军队干部转业的政策规定，直至1980年后逐步得到了完善。

1980年，时任装甲兵政治部主任张赞同志，这是当时对我比较信任的领导之一，找我谈话说：“你在干部处已经当八年副处长了，各方面表现不错，组织上考虑安排你下部队任团政治委员，带带兵全面锻炼一下。”当时我非常感谢首长的信任和关心，表示服从决定。政治部开始提出叫我去济南的坦克训练团任政治委员，因当时的装甲兵一位主要领导是因“文革”中犯错误被免职后又提升的，仍带有“文革”时派性的影响，不同意我留在济南，要我去潍坊坦克八师安排，到某团任政委。坦克八师又上报他们一名科长下去当团政委，最后把我留在师后勤部任政治委员。当时的后勤部由于“文化大革命”派性斗争的影响，思想乱、纪律松、班子不团结。我上任后与部长吴彦阁同志一起，讲团结、抓风气、严纪律，提高后勤的服务保障能力，一年改变了后勤的面貌，得到了师领导的充分肯定。因工作需要，1981 年 12 月我又调回装甲兵政治部任秘书处长。

新岗位的考验

根据中央军委的命令，1982 年，陆军的“军”改为“集团军”，军区装甲兵司令部、炮兵司令部撤销，军区司令部成立装甲兵部、炮兵部，原两个兵种管辖的部队按区域划归集团军。我当时是装甲兵机关撤销后，成立留守处的工作人员，主要负责机关撤销后的人员安排工作。组织上考虑到我在装甲兵政治部当过干部处副处长、秘书处长，比较年轻，干部工作业务比较熟，基本任务完成后，1983 年 3 月，军区政治部干部部把我分配到军区司令部直属政治部干部处任处长。

军区司令部和装甲兵机关同在一个大院办公，课间休息散步时经常都能碰到司令部机关熟悉的部长和战友，但对大军区机关的深奥莫测以及崇拜心理一直存在。我上班的第一天，是军区司令部分管直属队工作的刘继昌副参谋长谈的话，谈话的中心意思是要求我排除“文革”中派性的干扰，正确处理好司令部机关各二级部之间的关系，在直政首长领导下，搞好对司令部直属队干部的管理和使用等。我的前任处长袁敬德同志提升任军区技术侦察局政治部主任。袁处长是 50 年代的山东大学文科高材生，1962 年特招入伍，文学理论基础扎实，为人忠厚正直，入伍后一直在军区司令部机关工作。副处长张善贞同志提升到军区干部部任福利处长，听到当时的议论是，为了调整干部处的领导，是和我交流任职的。我意识到这就是刘继昌副参谋长亲自找我谈话的原因了。

在司令部直属政治部这个全新的环境里，正副处长同时都调出，这对我这个新上任的处长就是个考验了。

首先是思想上的考验。我知道军区司令部机关是受“文化大革命”派性影响比较大的，直至80年代初，一些派性观点在部分人员中仍然存在，我能否排除思想上的干扰，按照党性的原则，公道正派地处人处事是我要时刻关注的首要问题，我本着这个原则，广泛听取意见，敢于批评和抵制一些不良风气的影响，紧紧依靠党委的集体领导，很快得到了领导和机关干部的认可。

其次是尽快开展工作的考验。过去人们经常讲：干部部门是干部的“家”，关心爱护干部、公正使用干部是干部工作者的职能所系。毛泽东主席教导我们：“政策决策之后，干部就是决定的因素。”这从一个方面对做干部工作的同志提出了严格的要求。出于这种责任感和紧迫感，我一是经常深入部队考核了解干部，不到三个月时间，我走遍了40多个营以上单位；二是经常与干部交谈，拉近与干部的感情和友谊，取得大家的信任，有话愿意与你讲；三是利用节假日及晚上时间，查看干部档案，熟悉干部的历史和基本情况。时任直属政治部主任刘世樑同志一次找我交谈时讲：“老张，我想不到你对直属队干部熟悉这么快，部领导和机关对你工作是满意的。”

第三是转变工作方法，主动到机关各二级部征求意见，搞好服务。司令部的直属政治部和各二级部是平行关系，在司令部是为各二级部做好军事工作服务的机关，必须要摆正位置。我上任后即带着干事对其他12个部逐个登门拜访听取意见，在干部使用安排上为他们出主意，共同研究调配方案。时任军训部长曲方恒同志经常约我交谈本部干部调整问题，我们感情也友好了，本部干部调整也顺利了。时任管理局秦永华局长上任时，因管理局下属单位干部超编较多，且职务低、资格老，干部调整比较困难，我们共同研究解决管理局干部的出路问题，只用一年多时间，解决了管理局干部调整和进出问题。在干部工作方面我们就是这样为各二级部服务，很快提升了直属政治部在各二级部的影响和威望。1984 年我被提升为直属政治部副主任。

回顾在军区装甲兵机关工作这 12 年，是我人生工作经历的四分之一还多。感悟比较深刻的有以下四点：一要学会真本领。这是在各个岗位做好工作的基础。二是遇事不盲从。要有独立思考的能力，处事不跟风，做到慎思、慎行。三是对人要诚恳。这是为人处世的基本准则，也是领导信任和交朋友的基本标准。四是工作善协调。和平时期的机关工作，多以协调和沟通为主，这样工作才能顺畅，同志间相处才能和谐。

第六章　首任直工部长

1985 年 5 月 23 日至 6 月 6 日，中央军委在北京召开了军委扩大会议。会议认真分析了当时的国际、国内形势，明确指出：世界战争的危险是存在的，由于两个超级大国进行军备竞赛，战争因素还会增长。但是，人民是要求和平、反对战争的，世界和平力量的增长将超过战争力量的增长。在本世纪内不发生世界战争是可能的。会议强调，要利用这一有利时机，集中力量搞经济建议，把我国建设成为社会主义现代化强国。这是个大局，一切都要服从这个大局。根据邓小平同志的提议，会议着重研究了《军队体制改革、精简整编方案》，会议决定裁军 100 万。强调，军队体制改革、精简整编、裁军百万是今后两、三年军队工作的中心任务。要求全军部队要识大体、顾大局，一切行动听指挥。要切实加强领导，下大力做好思想教育和干部工作。

根据中央军委的命令，当时解放军由 11 个大军区精简调整为七大军区。撤销武汉、新疆、福州、昆明 4 个大军区，保留沈阳、北京、兰州、济南、南京、成都、广州 7 个大军区。根据中央军委的调整部署，武汉军区在河南省所属部队划归济南军区，湖北省及其他区域的部队划归广州军区。

整编后的济南军区机关，由原济南军区机关和原武汉军区机关部分干部合编而成。1985 年 8 月，我由原济南军区司令部直属政治部副主任提升为新编制的济南军区司令部直属工作部首任部长。过去司令部的直属政治部是管理司令部直属部队的政治思想工作，改为直属工作部后，既管政治思想工作，又管直属队的行政管理和兵员管理。副部长两名，胡礼仁副部长是原武汉军区司令部直属政治部副主任平职调过来的，李士元副部长是由防化团政委提升的。8 月 14 日清晨，下着小雨，我陪同军区首长和三大部领导前往济南火车站欢迎武汉军区调入济南军区机关的干部。胡礼仁副部长带着 10 多名干部到直工部机关工作，组织上合编就这样完成了。但要全面落实军区党委提出的“合编、合力、合心”的要求，任务是艰巨的。

高举团结的旗帜

按新编制运行之初，原武汉军区机关干部和河南省区域的司令部直属部队程度不同地存有一些疑虑：担心客观看法上有偏见，干部使用安排上有亲疏；上下关系难融洽，遇到困难没人管。为了消除这种心态，我请示分管直属队工作的副参谋长郝保庆同志的同意，果断建议并经司令部党委批准：直工部党委我任书记，胡礼仁副部长任副书记，这从组织上稳定了大家情绪。同时办好两件实事：一是我带领机关工作组赴驻豫直属单位逐个调研，所取意见，并提出在整编中优先安排好调入的干部，这从组织上稳定了部队；二是在 1985 年年底征兵工作中，派军务处副处长曹善国同志到驻豫直属队有干部子女当兵的单位，逐一听取意见，帮助他们解决实际问题。其中有 8 名女兵没有征兵指标，在曹善国副处长积极协调下，在直属部队办理了入伍手续，这样做在整个直属队赢得了人心。事后有几名入伍的女战士家长讲，我们担心到济南军区后找了个“后娘”，现在看比“亲娘”想的还周到，我们一定要安心踏实地做工作。

因为是两大军区合并整编，济南军区党委、机关和所属部队也同样面临这一问题。为了顺利完成精简整编任务，1985 年 9 月军区党委在落实新编制后的第一次党委扩大会上，审议通过了《关于增强党性加强团结的决议》。《决议》指出，在各级领导班子要调整，领导机关要精简、不少单位要撤并降改、每个同志都将面临进退去留考验的时期，全区部队必须强调党性，相互学习，加强团结。直属队党委于 10 月召开扩大会议，着眼贯彻落实军区党委的《决议》，切实搞好直属部队的团结提出了明确要求：一、党委成员之间的团结。党委班子成员来自不同单位，要克服山头主义，形成领导核心。党委成员之间要互相信任，互相尊重，互相支持。二、官兵之间的团结。要求直属队各单位开展大谈心活动，增进相互了解，相互信任，相互支持的感情。三、合并单位之间的团结。整编后的部队变动较大，同一单位的干部战士，往往来自几个不同单位。既要搞好组织上的合并，更要搞好思想上的融合。不论来自哪个单位，革命目标都是一致的，要心往一处想，劲往一处使，不能有什么“主次”、内外之分。四、军民之间的团结。要正确处理精简整编中军民关系遇到的新问题，严格按照中共中央、国务院和中央军委的有关政策规定办事。如有历史遗留问题，要主动征求地方的意见，本着互谅的原则妥善解决。

由于直工部机关带了好头，直属部队团结抓得紧，整编中具体问题处理得比较好，整个部队形成了积极向上，团结协作的大好局面。

扎实抓好基层

“基础不牢，地动山摇”，这个说法，准确形象地阐明了打基础在单位建设发展中具有不可替代的地位和作用。对一个单位来说是正确的，对高度分散在鲁、豫、鄂、苏、皖等五省的军区司令部直属部队来讲尤为重要。

军队建设的指导思想实行战略性转变后，对各方面的工作产生了广泛而深刻的影响。我在带领工作组下部队调研后深深感到整编后部队工作千头万绪，但领导机关抓工作的思想不能偏，抓基层的精力不能散，必须始终关注基层，打好基础。要增强抓基层的成效，就应在继承优良传统的同时，下大力研究新情况，解决新问题。为此，部里决定，在 1986 年 3 月初召开一次军区直属队基层政治工作研究会。着眼落实军区直属队的工作要在年内实现“三个方面突破”（端正党风、基层建设、安全工作）的要求，会上我讲话要求，要研究新形势下基层政治工作所面临的新课题，实现新突破，就应从时代特点、工作对象的特点、工作舞台的特点、整编之后的新特点等方面入手，提出问题，找准症结，拿出对策。在研究工作对象即基层干部战士的特点时，要重点从思想观念、军队素质、文化程度、年龄结构等方面作了分析。在思想观念上，当时较为普通的问题表现为“三想”，即想前途、想文凭、想安家。以上想法都是客观存在的，不让其想是不可能的，下一道禁令也是堵不住的。思想工作的任务，就在于敢于正视它，并从实际出发，拿出切实可行的解决办法。为此，我提出需要注意发挥以下“四个力”的作用：即要激发基层干部献身国防的内在动力；要严格管理，使干部感到切实有一种外在的压力；要加强培训，提高基层干部的工作能力；要改善基层物质文化生活条件，增强对官兵的吸引力。同时对基层普通感到比较难办的入党问题、考学问题、电报问题、婚姻问题、转志愿兵问题等提出了一些对策。我还在会上要求团以上单位党委常委都要完成“三个一”，即一个人在一个基层单位蹲点或代职一个月，党委正副书记要写出专题调研报告。并强调：衡量一个单位的工作搞得好不好，成果大不大，不只是看在报刊上发表了几篇文章，主要是看解决了多少实际问题，总结了多少管用的经验。这次会议的召开，对督促和引导各级转变思想观念，把精力、财力投向基层，提高抓基层打基础成就，起了积极作用。

时任中央军委副主席杨尚昆指出：“从现在起到本世纪末，军队建设的基本方针，是调整改革、理顺关系，有所发展，为了下个世纪全面实现现代化打好基础。”并要求全军从 1987 年起用两三年时间抓好基层建设。抓基层，打基础，既是整编调整后直属队建设的首要任务，同时又是部队建设的百年大计和根本性建设。

1987 年 1 月中央军委颁发《关于新时期政治工作的决定》，要求基层单位达到：“党支部领导坚强有力，官兵之间紧密团结，军政素质不断提高，作风纪律要求严格，物质文化生活逐步改善，各项任务圆满完成”。根据军委、总部和军区的要求，结合直属队的实际，经广泛调研，在直属队第六次党代表大会上，我们提出直属队抓基层要着力打好八个方面的基础：即思想建设基础、组织建设基础、干部队伍基础、军事训练基础、业务建设基础、官兵关系基础、作风纪律基础、物质文化基础。要求各级在抓基层打基础中要把握其特点规律：一是长期性。打基础不能满足于一年大抓几次，而要立足当前，着眼长远，常抓不懈，一步一个脚印地朝着既定的目标迈进。二是艰苦性。打基础需要做许多“地平线”以下的工作，只有下苦功，花大气力才能做到、做好。三是连续性。切忌一届班子一个新思路，一任领导一套新做法，要在继承的同时注意发展，搞好创新。四是扎实性。要说实话，办实事，鼓实劲、求实效。要一个连队一连队地帮助，一件事一件事地落实。五是创造性。工作年年抓、基础年年打，但不能墨守成规，而要适应新的形势，不断研究新情况解决新问题。基层本身也要强筋壮骨，提高解决自身问题的能力。只有连队的“自治”能力强了，打基础就有了可靠的保证。

经过坚持不懈的努力，直属部队的基层建设得到明显加强，时任济南军区政委迟浩田在看望直属队指导员集训时讲道：军区部队精简调整后，司令部直属部队团结协调好，事故案件少，军区首长和机关是满意的。在1987年年底召开的军区直属队基层工作会议上，表彰了89个基层建设先进单位，树立了工程维护大队政治教导员徐思礼等一批对基层建设作出突出贡献的先进典型。我们还大力宣传了南召工兵仓库主任李金保、政委樊玉章等扎根山沟、勤奋敬业的一对好主官，在直属队弘扬正气，起到了榜样和标杆作用。

做到“上不愧党，下不愧兵”

1986年7月，我们在河南许昌召开了军区直属部队党委扩大会议，集中研究新形势下的党委建设问题。当时的司令部直属部队有1个师级党委、44个团级党委、73个营级党委、539个连队或相当于连的党支部，部队高度分散在5个省。面对单位较多、驻防分散、任务各异、领导多头的直属部队，干部怎么管、安全怎么防、基层怎么建？是一直我们思考的重要现实课题。我们研究认为：像这样一个编制体制，必须做到“大事管住，小事放权”，充分发挥各级的主观能动性，充分调动各级干部的积极性，把自己管住，把部队管好。这也是各级党员领导干部的党性所在，各级干部的职责所系。因此，我们在直属部队党委扩大会议上提出：“要求各单位建立部队建设大事记，记载历任领导对本单位建设的功绩，以此激励领导者在现职岗位上做出后人所称道业绩来，做到‘上不愧对党，下不愧对兵’”。

这一要求的提出，有力地激励了各级干部干事创业的热情和历史责任感，促进和加强了直属部队的全面建设。1987 年 4 月，我在陪同济南军区政委迟浩田看望直属部队政治指导员集训时，汇报了直属党委对各级干部提出的这一要求。他在接见全体集训的指导员讲话时，对直属部队党委的提法给予了肯定。迟政委在 1987 年 5 月的济南军区四级党委书记联席会议上，作了题为《适应新时期军队建设需要，努力加强党委的根本建议》的报告，他讲：“一个领导干部，如果对人民没有感情，对战士没有感情，就失去了当领导的资格。我们的各级党委、党的领导干部，任何时候，任何情况下，都要牢记我党我军全心全意为人民服务的宗旨，不能忘了群众，不能忘了战士。有利于人民、有利于战士的事，我们就要积极去办，认真办好；不利于人民、不利于战士的事，就一定不能去办，有人办了，就要坚决抵制，真正做到上不愧党、下不愧兵。”迟政委号召全区各级党委领导要真正做到“上不愧党，下不愧兵”，并作了详细的阐述，这是对我们直属部队各级党委和领导干部的鼓舞和鞭策。

在 1988 年 7 月召开的直属部队第六次党代表大会上，我们号召全体党员领导干部，继续叫响“两不愧”的口号，进一步增强党委成员的革命事业心和历史责任感。会议指出：去年，我们在直属队叫响了“上不愧党，下不愧兵”的口号，激励了各级领导的事业心和责任感，部队建设呈现出蓬勃向上的局面，得到了军区领导的肯定。今后，我们要继续叫响“两不愧”的口号，积极为部队建设做出新贡献。要求各级要牢记全心全意为人民服务的宗旨，正确对待个人的进退去留，不计个人的名利得失，兢兢业业，尽职尽责。要发扬艰苦奋斗精神，立志在本职岗位上忘我工作。要正确对待个人家庭生活中的困难，不贪图安逸，不安于现状，像革命老前辈那样，以苦为乐、以苦为荣，永远保持艰苦奋斗的政治本色。要发扬开拓进取精神，努力在任职期间，争创第一流的工作业绩。

“上不愧党，下不愧兵”这个口号，就这样在济南军区乃至全军部队中相继提出并广泛传播。后来，在地方某些领导讲话和新闻媒体报道中也陆续出现“上不愧党、下不愧民”的要求。

培养优良作风

当时的直属工作部机关编制有八个处，即秘书、组织、干部、宣传、保卫、纪检、老干部、军务处。因正在进行精简整编，临时性工作任务较多，根据上级要求或同意，又成立了八个办公室，即转业办、整党办、文教办、招生办、计生办、军衔办、普法办、经营办，全部近100名干部。针对部机关人员较多，工作任务繁重，部队又高度分散的实际，为凝聚共识，形成拳头，充分调动广大干部工作中的积极性、主动性和创造性，我们按照立规矩、做表率、重在落实的基本思路，坚持不懈地抓作风建设。经过研究，直属工作部制定了《加强自身建设的措施》，在部机关和部队中大力倡导四种风气。

一是求真务实的风气。《措施》规定。要以求真务的精神抓好工作，牢固树立领导就是服务的观念，扎扎实实抓工作，不做表面文章，不搞形式主义。机关干部每年下部队平均不少于两个月，其中蹲点不少于半个月，下部队要多蹲点，少跑面，多到艰苦、边远的基层单位调查和解决问题。1986年下半年，我在第二通信总站政委马长平同志陪同下，到该站所属的40多个连队调研。一次到豫西卢氏县偏远山区马村的一个连队，听完汇报和召开座谈会后，因天气不好连队干部动员我们早点出山，我问为什么，连队干部讲：此地道路不好，容易山体滑坡，一旦下大雨一个礼拜出不去，并讲述连队前年一位战士，因患阑尾炎连附近的乡镇医院都送不去，结果死在连队的惨痛案例。我听后当即决定给该连增派一名卫生员。连队参加座谈会的一名新战士叫张建中，开完座谈会后因同名要与我合个影，我满足他并告机关一定将照片寄给这位小张建中。驻嵩县麻村的一个连队，因山高路险，多年没有领导去过，马长平政委动员我说："如天气好，去该连来回要一天时间，还必须乘坐总站的维护线路车，由总站司机开，维护线路干部带车，车速不超40码。"我说："只要有战士，我们领导就有责任去看望"。结果我们走了四个小时的山路、险路到达了连队，看到这个连队虽远离机关，但干部责任心强，连队管理有方，连队周围环境建设的像小花园一样。回机关后我派直工部两名干部去该连蹲点，总结推广了他们不等不靠，积极主动抓好偏远驻防连队建设的经验。在二总站调研结束后，我在站机关作了"切实帮助边远、山区连队解决实际问题，提升他们自我造血功能"的讲话。1987年2月，济南军区在烟台召开抓基层工作座谈会，我在会上作了"切实抓好直属分散单位的基层建设，增强连队自我造血功能"的发言。

二是廉洁自律的风气。《措施》要求，机关干部要努力做端正党风的表率。不利用工作之便谋私利。选拔配备干部，要德才兼备，公道正派；选改志愿兵，要坚持条件、严格把关；调动干部或兵员，要坚持原则，照章行事；颁发各种文凭和证书，要秉公而办，不送人情；坚决抵制请客送礼等不正之风。不得接受或向直属队索要、低价购买土特产品；不得向直属队要车要人办私事。机关人员下部队，一律不喝酒，不接受超标准招待。还要求同城不吃饭，机关人员到驻济单位检查工作一律不准在部队吃饭。不得利用下部队、出差、休假、疗养、外出治病等机会绕道旅游。违者要严肃批评，经费不予报销。不得以任何借口滥发钱物。各项经费开支票严格审核手续，专款专用；购买奖品、慰问品不得留机动数；公用物品要随借随还，不得据为己有。不插手子女、配偶和其他亲友的提拔任用，不利用职权违反规定为他们非法经商牟利提供方便。要严肃纪律，赏罚严明。对党性强，作风正，自觉抵制不正之风，勇于同违法乱纪行为作斗争的同志，要大力宣扬。对搞不正之风的，不管是什么人，都要从速调查，严肃处理，决不姑息迁就。在清正廉洁方面，我们部领导带头为机关和部队做好样子，一次，原武汉军区司令部一位部长来看望调入济南军区机关的干部，我从家中拿了酒，和胡礼仁副部长一起在军区警卫营招待所接待了他们，并按标准交了伙食费。

三是勤奋敬业的风气。《措施》要求，全体机关干部要忠于职守，爱岗敬业，积极进取，努力在各个岗位上创出优异业绩。由于是两大军区机关合并整编，当时直工部机关配备的八位处长都是精兵强将。秘书处处长李续同志，是新闻干事出身，1982年前在军区炮兵司令部机关宣传处工作，炮兵司令部撤销后调整到司令部直属政治部宣传处任副处长，文字水平较高，办事稳重老成，自身要求严格，协调能力较强，后任日照军分区政治委员。组织处处长方南江同志，是高干子女，但为人朴实。原在直属政治部宣传处工作，“文化大革命”中父亲受“四人帮”迫害时，曾因父亲问题受株连下防化团任政治处副主任，曾创作出版过多部小说、电影、电视剧并获国内多项奖，基层工作经验、文字水平都较全面，既坚持原则又风趣和谐。后调任军区政治部组织部长、武警山东省总队政治委员、武警部队政治部副主任，少将军衔。宣传处处长方文生同志，原在武汉军区司令部直属政治部任宣传处长，是平职调整过来的，新闻干事出身，待人谦诚，处事灵活，思想敏锐，文字水平较全面。任直工部副部长后又升任步兵60师政治委员，带领全师官兵参加湖北"98抗洪"并立功，后升任军区装备部副部长，少将军衔。干部处处长刘仁厚同志。是原直属政治部的老人，人如其名，作风正派、为人忠厚，干部工作业务较熟，升任通信训练大队政治委员（副师职）后转业地方工作。保卫处处长韩延启同志，在保卫处工作时间较长，保卫工作业务熟悉，对司令部机关和直属部队安全工作抓得紧，后升任司令部军事调研室副师职政治委员至退休。纪检处处长刘建同志，是当时部里最年轻的处长，工作积极，办事认真，直属部队刚合编，反映问题的信件较多，但调查处理都比较扎实，升任军区司令部编研室副主任后退休。老干部处处长秦文庭同志，是原武汉军区直属政治部干部处处长平职调整过来的，能正确对待组织安排，作风正派老练，主动积极地做好老干部工作，后升任新乡军分区政治委员至退休。军务处处长曹善国同志，是从干部处副营职干事升任副处长的，因部机关第一次编制军务处，军务部部长想派干部过来，我们坚持还是用自己的干部。曹善国同志上任后，熟悉业务工作，上下关系疏通得比较快，责任心强，办事认真灵活，对部队的行政管理，兵员工作，安全工作抓得很紧，后升任开封军分区参谋长至退休。这八位处长，外界称直工部的"八大金刚"，尤其是"二方"，对整编后直属队的党委班子建设、基层建设、宣传教育工作、抓典型等起到至关重要的作用。在各位处长的带领下，全部机关干部积极进取、忘我工作，机关和直属队建设呈现出竞相发展的好形势。我之所以对这八位处长作简要回忆，意在直工部机关的工作业绩不能忘记他们，直属部队的建设有他们的功劳。我终身铭记在百万大裁军的关键时刻，在两大军区直属队合并整编的难忘岁月，他们始终顾大局，勤奋工作，给予我多方面的关心、支持和帮助。

四是服务协调的风气。直工部既是军区司令部的一个二级部，又是司令部直属部队的领导机关。司令部的直属部队与成建制的作战部队不同，作战部队层次领导和管理责任比较明确。直属部队，人员多，驻防分散；装备多，种类繁杂；多头领导，与有关二级部协调难；部队分布广，管理和后勤保障困难。我把这种特殊的体制概括为：师级架子，军级任务，团级工作方法。面对这一特殊的体制，如何对部队实施正确有力的领导，是摆在按新编制运行后的直属工作部领导面前的一项崭新课题。我们在广泛调研后对直属工作部的定位是：对直属部队是领导机关，执行界于师、军之间的领导权限；对司令部各二级部是服务协调的机关；在司令部党委和直属党委的领导下搞好相关服务和协调。在机关内部，我们大力倡导服务协调。（1）主动到机关各二级部征求意见，搞好干部调配的协调。1986 年管理局管辖的各招待所和经营企业，现役干部战士一律要改为地方职员干部和职工，我们与管理局领导一起调研，一起研究调配方案，共同研究解决遗留问题，使此项工作进展顺利，使移交的干部战士 90% 以上的同志比较满意。（2）主动协调有关兵种部门，配合有关二级部对所属直属单位既管业务，又管装备；既管培训，又管思想教育；有关干部使用，充分听取他们的意见，有关二级部很满意，各种关系也比较顺畅。（3）主动协调加强对干部战士的管理。建立直工部和各二级部双重管理责任制。加大了管理的责任，防止只管事不管人，只用兵不管思想。这样杜绝了很多管理上的漏洞。（4）主动搞好后勤保障协调。直属队的后勤保障，涉及军区后勤部七八个二级部和四个分部等单位，由于高度分散又远离机关，很多计划保障的钱物不能按时到位，再加上刚精简调整供给关系没有完全理顺，一度后勤供应保障比较困难。对此，我们努力做到三个主动：主动到后勤有关二级部汇报工作，理顺关系；主动协调有关二级部共同到直属单位调查研究，有针对性地研究解决相关问题；主动召集有关保障单位的协调会，请有关二级部到会听取意见，加大指导力度。驻济单位我们每年召集有关营房管理，供给保障等专项协调会 2～3 次，帮助直属单位解决了很多实际困难。

直属工作部从 1985 年 8 月组建之日起，注重培育并形成了良好的风气，历任部长都能结合直属队的实际，创造性地开展工作，促进了部队建设持续健康发展，风气好人人受益。由于公道正派地选用人才，勤奋敬业的风气浓厚，几十年来，培养出了一大批中高级领导干部，先后出了 10 位将军，100 多位师职领导干部。多年后，许多转业地方工作的干部还时常回忆想念在直工部机关和直属队工作时深厚的战友感情。

难忘的一支体坛劲旅

我 1982 年前在军区装甲兵工作期间，就久闻防化团篮球队在全军和军区业余篮球队比赛中的业绩。1983 年军区装甲兵司令部撤销，我调任军区司令部直属政治部干部处处长。1984 年，我任直属政治部副主任时带领机关的同志，第一次去防化团看望这支久负盛名的篮球队，当时即鼓励他们发扬传统，顽强拼搏，再创佳绩，并要求防化团领导对这支队伍要严格要求，要搞好服务，充实新鲜血液，保证他们健康茁壮成长，不辱使命，为司令部直属队争光。我担任直属工作部部长后，对这支篮球队给予直接的关照和培养，这也是一支能为直属队争得荣誉的战斗集体。

20 世纪六七十年代，是全军业余文化体育工作的兴旺时期，各军、师、团级单位基本上都有个宣传队、篮球队。防化团篮球队就是在此时由盛伟光、李朝选等 10 几名战士组成的。球队编在团警通连二排八班。时任团长沈朴热爱篮球运动，对球队队员的选拔、训练和生活保障等给予很多关心和支持，为球队的成长和发展奠定了良好的基础；为其形成艰苦奋斗、顽强拼搏的战斗作风，全场紧逼、快速反击的战术风格付出了艰辛努力。

1972 年 11 月，济南军区举办首届军级单位参赛的“前卫杯”篮球比赛，防化团篮球队代表军区司令部直属队参赛，获得冠军。至 1988 年，共举办了 15 次比赛，防化团篮球队获得 12 次冠军、3 次亚军。1977 年，济南军区和全军分别组织建制师级单位篮球比赛，防化团以建制团资格参赛，分别取得了济南军区和全军建制师篮球比赛的冠军。

80 年代初，全军组织“华东杯”篮球比赛，共举办 3 届，防化团篮球队获得 2 次冠军。1986 年，全军在济南组织了各大军区专业队“八一杯”篮球比赛，要求所在军区可以选拔一支业余球队参加比赛，但不计成绩，济南军区确定防化团篮球队参赛，在激烈的竞争中，防化团篮球队战胜了空军篮球队和兰州军区篮球队。当时兰州军区的领队生气地说：“我们输给了一个团的球队，回去怎么交代啊！”在场的总裁判长，全国篮球界权威人士郭玉佩给予高度评价，认为防化团篮球队有鲜明的战术技术特点，战胜这两支专业队不是偶然的。

防化团篮球队是一个建制团的业余篮球队，参加了军区及全军的20次比赛中，获得了16次冠军，4次亚军，这在全军业余篮球队中成绩是最为突出的。我亲临现场的一次是1987年5月，济南军区“前卫杯”篮球赛在河南开封20集团军举行。这是1985年裁军百万后，原武汉军区河南驻军合并到济南军区的第二次比赛。一年前，20集团军和54集团军在济南铩羽而归，此次下决心要在河南家门口报一箭之仇。这两个队做了充分准备，补充新生力量，强化体能和战技训练，对夺冠充满信心，且天时地利人和被20集团军占尽。

防化团球队认识到面临的严峻挑战，根据直工部首长的指示，赛前拉到武昌通信训练大队营区进行封闭式训练。全体队员面对这场恶战，以“人生能有几次搏”的气概出战。由于全体队员团结协作、勇猛顽强、速度快、战技超群、突破能力强，以5分优势胜了20集团军，又以1分险胜54集团军。最后冠亚军赛对阵山东省军区队，开场山东省军区队一直领先，高峰时领先13分，防化团球队关键时刻沉着稳健，顽强拼搏，但最后2分钟仍处于落后状态。坐镇指挥的我和宣传处方文生处长看球队夺冠希望不大，抱着一直紧张的心情到场边散散步，观众议论，张部长已沉不住气啦！到最后15秒时还落后2分。在这关键时刻，队长盛伟光叫停，换上球队隐藏的“黑马”于吉功，顺手投了3分球，又以1分险胜山东省军区队，夺得了济南军区“前卫杯”的五连冠。当晚十一点钟，我在开封的二总站机务站设宴为他们庆功。在宴会中我讲：今晚是我最紧张的时刻，在你们大比分落后时，我对夺冠一度失去了信心，但看到你们临危不乱，顽强拼搏的作风很受感动。今晚也是我最激动时刻，当一锤定音，我们以1分险胜夺冠时，我流下了激动的泪水，当即上场与你们一一握手，当时看到你们个个是英雄。

防化团篮球队从1983年至1987年在济南军区“前卫杯”

比赛中取得了五连冠的骄人成绩。1988年5月，“前卫杯”在山东莱阳26集团军举行。此次比赛，20集团军篮球队连续两年受挫后士气低落，54集团军篮球队趁势而上，最后夺得了冠军，防化团篮球队获得亚军。本来是有信心去拿六连冠的，却得了亚军，赛后球队队员士气低落，队长盛伟光一直考虑回济南如何向防化团和直工部首长作检查呢。消息传到直工部，当时我想，“胜不骄败不馁”是我军的一贯传统，这时的篮球队更需要理解和鼓舞士气。我决定带领机关处长以上干部集体到车站迎接篮球队凯旋，队员们一下车看到这个欢迎他们的场面，个个感动得热泪盈眶，队长盛伟光讲：看到你们的欢迎态度，我当时真想大哭一场啊！

20多年来，防化团篮球队的顽强作风和拼搏精神，既锻炼了队伍，取得优异成绩，也培养了人才，为国家男子篮球队、“八一”男子篮球队、济南军区男子篮球队和地方输送了多名主力队员和教练员。其中，马连民，1974年担任国家男子篮球队队长，同时他还作为“八一”队主力队员获得全运会篮球冠军；张斌，作为“八一”队、国家队主力队员参加了全运会、亚运会、奥运会、世界锦标赛等大型赛事，为国家和军队篮球运动争得荣誉；叶鹏，转业地方后，先后担任济南市、山东省男篮主教练。防化团篮球队先后有30多名队员提升为干部，其中晋升为副团（处）级以上的就有20多人。

回顾防化团篮球队走过的历程，他们之所以能够既出成绩又出人才，一是得益于各级领导的关心支持；70年代时老团长沈朴、于德友、政委祝秉利以及后来的历任领导给予特别关照和支持，时任政治处副主任方南江同志对球队的思想教育，作风培养做了很多艰苦细致的思想政治工作；军区司令部直属政治部、直属工作部给予很多关心和支持，宣传处方文生同志对球队的艰苦奋斗、顽强拼搏精神，给予具体教育和帮助；军区副司令兼参谋长熊作芳、副参谋长李燧英、张作山、郝保庆等经常观看比赛，给予球队很多鼓励和鞭策。使这支队伍能够保留人才，健康地成长。

二是球队有一种艰苦奋斗、严格要求、刻苦训练、顽强拼搏的精神。据队长盛伟光回忆，球队刚成立时编在防化团警通连二排八班，伙食标准与战士一样4毛4分8厘，每天除训练内容与连队不同，其余的政治学习、公差服务、站岗放哨等都随连队一起进行，衣服都是挑选旧军衣改装的，衣服和鞋子穿坏了自己补，队员李朝选备有全套补鞋工具。1981年，在厦门1军参加全军的“华东杯”比赛，其他代表队都发各种营养品，防化团篮球队每人发两包感冒冲剂，时任政治处副主任、领队方南江动员大家说：“我们是靠奋斗和拼搏精神赢得胜利的。”在强队林立的形势下，防化团篮球队喝着感冒冲剂打个冠军。球队就是在这样艰苦环境中二十年如一日，坚持高水平高强度的严格训练，造就了队员的坚强意志、充沛体力、过硬的个人技术和娴熟的集体配合，整体实力得以增强。如果说防化团球队有什么优势，他们说：团结协作、艰苦奋斗，刻苦训练、顽强拼搏，这就是他们取得冠军的团队精神。

三是球队不断创新的训练方法，技术战术水平不断提高。马连民、张连旭、盛伟光等为创新训练方法作出了重要贡献。形成了全场紧逼、快速反击，阵地战内外结合、攻防兼备的技战术打法，全队配合默契，比赛经验丰富，是一支积极主动、充满活力，具有鲜明技战术特点的球队。八十年代中期，曾是球队一员的王福军同志担任防化团政委，对球队训练和指导更加有力，他当运动员时曾是军直男篮的“两把刀”之一，为球队夺冠立下了战功。当团政委后，对球队更加关心体贴，当球队面临种种困难和社会上的不良风气影响时，他及时做好思想政治工作和服务保障，使球队风清气正、不受干扰，这是球队始终保持旺盛战斗力的基础，王福军政委发挥了重要作用。

四是注重培养和保留人才，是球队常盛不衰的基础。防化团历任团长、政委热爱和关心篮球队，每年征兵期间注重选拔打篮球基础好的青年参军入伍；马连民同志是1969年“文革”期间军区体工队解散选调到防化团任警通连排长，他把先进的训练理念带到球队，为球队注入快速灵活、准确积极主动的战术思想，使球队整体水平飞速提高；张斌、盛伟光都是从战士入伍就到球队训练的，后来不断补入球队的付相国、李耀强、于顺、于吉功、孙一军等都各自有绝招，在最后1分险胜中他们都立下过汗马功劳。球队集体先后立三等功多次、二等功一次。为了保留这些人才，直属工作部研究，按他们贡献大小，军龄长短，先后分散在直属队其他单位解决职务晋升，使这支球队始终思想稳定，作风不散，内部团结，积极进取，不断创造出新的辉煌业绩。

谈谈领导机关的廉政问题

清廉为政是对无产阶级政权机关的基本要求之一，它关系到人心的向背与事业的成败。早在一百多年前马克思总结巴黎公社经验是，就提出建立无产阶级廉洁政府。今天，在改革开放深入发展的关键时刻，党中央重新强调廉政问题，具有特殊的重要性。

近年来，改革大潮推动了社会主义事业的发展，党和国家充满了生机与活力。但是，改革正处于新旧体制的交替中，政策不配套，法制不完备，社会上一些腐朽的东西有所抬头，党政机关的不廉洁现象开始滋长。部队的一些领导机关也受到影响，不同程度地存在着不廉洁现象。主要是：

“优势”互补。有的部门利用自身“特长”为“关系”服务。相互之间投桃报李，提关系干，批关系钱，发关系物。只要是“关系”，便一路绿灯，畅通无阻。

求奢比阔。在一些机关，出现了讲排场、摆阔气、图门面、花公家钱大手大脚的互相攀比之风。你的办公室铺地毯，我的办公室安空调；你建楼堂馆所，我买高级轿车；你开会定十元伙食标准，我开会再加五元补助；你在风景区集训，我到旅游区办班。比来比去，奢侈浪费之风屡禁不止。

集体违纪。一些部门为了谋取“集体福利”或请客送礼，私设“小金库”，搞“小自留地”，甚至动用业务经费。决定这些问题时，一般集体讨论，统一思想，以“集体智慧”对付政策规定，并共同保密。

吃请受礼。有些机关干部下部队不是检查工作，而是检查“烹饪技术”，走到哪吃喝到哪。有的吃喝之后就昏昏然、飘飘然，随便给钱、拨物、批条子，还有的连吃带拿，对下面送的东西来者不拒。

“谀”上“欺”下。对上对下“两副面孔”。对上阿谀奉承，百般迎合；对下动辄批评训斥，甚至揩下面的油往上面抹，向下索要“土特产品”到上面表示“心意”。许多机关岁末年初到上级机关报预算、拉器材，常常满载而去，满载而归。

“弹性政策”。同样的政策规定，却因人而异。对下严格按“杠杠”卡，对本部门则可以“从实际出发”。“曲线”入学、“变通”随军、“飞过海”提职，在某些机关屡见不鲜。

福及妻室。个别领导机关的干部，对亲属实行“优惠政策”，表现一般的可入党，没技术的可转志愿兵，文化低的可考上学，有的甚至被提升到领导岗位或安排到工作轻、发展好、有“油水”的部门。真是“一人蹲机关，全家都受益”。

以上问题，虽然不具有普遍性，但在某些机关确实不同程度地存在。对此，我们应有清醒的认识，把清廉为政作为领导机关一项根本性建设来抓。

一、克服模糊认识，铲除滋生不廉洁现象的思想根源

思想是行动的先导。一些领导机关不廉洁，首先根源于思想上的模糊认识。比如，有的有“自来红”思想。认为领导机关的干部一般都是党员，都是逐级选上来的佼佼者，思想基础好，“枣木棍子自来色”，不会发生不廉洁问题；有的存在“自我均衡的得失观”，认为近年来机关干部职务“倒挂”，在上级机关工作职务往往低于下级机关，自己在职务上吃了亏，应该“堤外损失堤内补”，在生活上享受点、捞一点；有的有“近水楼台”的沾光心理，认为机关掌有人、财、物权，适当利用工作之便“沾”一点算不了什么，不出大格就行。还有的认为“现在都这样，谁不弄谁吃亏”等等。在这些思想的指导下，直接导致了不廉洁现象的产生。

领导机关干部知识化程度较高，某种观念一经形成，就具有相对的“稳定性”。因此，其思想问题的解决较部队难度更大，必须持之以恒地进行“综合治理”。（1）打牢理论根基。领导机关理论学习长期以来是个薄弱环节，往往有计划、有布置，但无人抓落实，工学矛盾始终难以解决。我们司令部机关为解决这一问题，从去年开始，采取分批轮训的方法，每年组织机关干部到集训队学习，统一上课，统一考核，效果很好。建议各级机关都可以把理论学习时间相对集中使用，分批集训，认真考核，把“软指标”变成“硬指标”。考试成绩作为衡量机关干部政治素质的依据之一。（2）抓好经常性教育。在各级领导机关，经常性思想教育大都挂在“空挡”上，致使一些机关干部的思想问题常常得不到及时解决。建议各级领导机关对自身的经常性教育要高度重视，至少每季度搞一次。重点抓好两个内容：一是“服务”宗旨教育。引导机关干部牢固确立为基层服务的思想，树立良好的职业道德，正确行使手中权力，当好人民“公仆”。二是艰苦奋斗教育。引导机关干部认清新形势下艰苦奋斗的特殊意义，克服享乐主义，自觉地把艰苦奋斗的优良传统发扬光大。（3）开展思想互助。领导机关干部不仅要工作见面，思想也要见面。上下级之间、同级之间应经常谈心交心，开展批评和自我批评。为保证效果可试行思想工作责任制。一个部或处出了问题，应追究部长或处长的直接责任；参谋、干事出了问题，应追究部、处领导的直接责任，以防止思想互助走过场。

二、从严治党，提高机关党组织的战斗力和党员素质

一些领导机关党的生活不健全，党组织战斗力薄弱，执纪不严，使一些党员干部党性观念、纪律观念淡薄，导致了不正之风的产生。因此，为政清廉，必须从严治党。

1. 严格党的生活。领导机关是党员干部集中的地方，但领导机关的党组织生活落实不好却是个老问题。分管这一工作的政治机关，常常只管部队，忽视自身，疏于检查。建议领导机关对本级机关的组织活动，要像要求下级那样，坚持作计划、搞登记，经常督促检查。政治机关要检查其他部门，上级机关要检查下级机关。尤其对领导干部参加组织生活的情况要进行登记，落实不好的通报批评，确使人人都在组织之中。

2. 从体制上解决同级监督软弱无力的问题。领导机关要廉洁，必须有强有力的监督。现在的问题是，往往“督下”比较有力，而本级党委、机关的自身监督则落实得不好。这里的关键在于有些党委没有把自身的思想作风建设摆到重要位置上，党委内部原则空气不浓，批评和自我批评不够，自我监督流于形式。同时，作为负有监督职能的纪检机关，对同级党委成员的监督也顾虑多，不大胆，常常不能发挥应有的作用。解决这个问题，一方面要强调增强监督意识，加强党委自身的监督；另一方面还可从体制上加以完善。为了减少顾虑，更好地发挥纪委对同级党委成员的监督职能作用，建议仿照地方公、检、法机构的设置形式，加强纪委的“条条领导”，减少“块块领导”对纪委的制约。纪委在同级党委领导下进行工作，但纪委成员的奖惩、升降、调动应经上级纪委同意或直接由上级纪委“拍板”，以解除他们监督的后顾之忧。

3. 强化党的纪律。在一些领导机关，党纪不严也是一个较突出的问题。机关党员干部犯了错误，往往看重面子，批评教育轻描淡写。犯错误者也常常通过各种途径找人说话，增加了处理问题的难度。结果往往大事化小，小事化了，因而对一些不廉洁者缺乏威慑力。防止和克服不廉洁现象，严肃党纪是重要的一环。对个别腐败分子，要坚决清除，决不能心慈手软。同时，对那些为不正之风效力的“帮办”，对那些想歪点子，出馊主意的“谋士”，也要严肃处理。不能因为是“胁从者”而“不问”，以利于挽救本人，教育群众。

三、实行政务公开，增加机关工作的“透明度”

在一些领导机关，政务不公开，工作神秘，也为不廉洁现象的产生提供了外在条件。尤其是高级领导机关，有些部门握有很大权力。他们在人、财、物的管理上，由于公开性不够，缺乏及时有效的监督，常常为一些谋私者开了方便之门。

为了加强上下级之间、同级之间的理解和信任，防止滥用职权，以权谋私，建议改变机关人、财、物管理工作中的某些“封闭性”做法，增加“透明度”，使政务活动逐步公开化。（1）人员晋升、调动、惩处公开。干部的晋升要广泛征求群众意见，把政策规定、工作实绩、任免程序公开，打破神秘化。干部、战士的调动，业务部门应每季度或半年在适当范围内公布一次。对机关工作人员的批评和惩处也要公开，以防止出现包庇和报复等问题。（2）行政收支公开。要把行政事业费、业务费的领拨、使用和管理情况，尤其是对生产经营的收益、特支费等“活口”较大的经费收支情况，除了财务部门和有关业务部门掌握外，也应定期予以公布，让群众知道，依靠群众监督。（3）物资发放公开。各种装备、训练和文体器材、建筑材料等，发放的原则、对象、理由、数量，都应向下级机关和部队作出解释，并向上级机关报告。总之，凡是下面比较关心的，容易引起误解的，容易给谋私者以可乘之机的人、财、物权的管理和使用情况，除保密需要外，能公开的尽量公开。有关部门应对“公开”的真实性进行检查，防止“公开”一套，背后一套。

四、加强制度建设，使廉政工作经常化规范化

要保证领导机关为政廉洁，仅仅靠思想教育是不够的，还必须有严格的行之有效的制度，以保证廉政工作经常化、规范化。建议建立以下制度：

1. “点验”制度。仿照连队定期对战士的武器装备、日常用品进行点验的做法，对领导机关一些管钱管物的部门，也应定期“点验”，一个季度或半年一次。主要看账物是否相符，发放是否合理，保管是否妥善，有无积压浪费等等，以便及时发现问题，堵塞漏洞。

2. 回避制度。领导机关干部的家属、子女，亲友等有在部队工作的，除特殊情况需照顾外，一般不宜调到同一个机关或直属单位工作。凡是涉及研究自己亲属的使用、调动、福利等问题时，当事人应主动回避。

3. 干部交流制度。一些管人事、物资的机关干部，应定期调整他们的工作岗位，或在机关内交流，或到部队任职。一般情况下，二至三年左右调整一次。每个具体部门调整的人员要拉开档次，以保证业务工作的连续性。这样，即可在一定程度上避免一个人因“常在河边走”而“湿了鞋”，又有利于干部的全面发展和部队建设。

4. 廉政讲评制度。机关干部每年要结合半年和年终总结作述职报告，把廉政问题作为必述的重要内容。讲完后由群众讲评，然后由支部做出评定装入档案。同时，部队也应对上级机关廉政情况进行讲评，一般半年一次，结合党委扩大会总结半年和年度工作进行。

加强制度建设关键在于落实。制度一经制订，就应按制度办，切实落实到具体单位或人头，做到有检查，有讲评，持之以恒，常抓不懈。

五、领导带头，勤俭养廉，一级带动一级

为政清廉，领导带头很关键。从全军来讲，就是三总部要为各大军区机关作好样子，各大军区机关要为各集团军机关作好样子。凡是要求下级机关不做的，本级机关保证不做。从各级机关内部来讲，就是当“长”的干部，如部长、处长等，要为参谋、干事、助理员作好样子。切实做到一级做给一级看，一级带着一级干。

这里要指出的是，机关领导带了头，机关干部就要跟上来。

现在有一种现象，对不正之风，为政不廉的问题，各级都在讲，人人都在说，都不满意，都说要纠正，都说“是上面造成的”，又都继续我行我素。其实，纠正不正之风，保持廉洁，各级机关、每个机关干部都有责任，谁也不应把自己划在圈外。当前最重要、最实际的还是那句老话；“不等靠，不攀比，从我做起，从现在做起，从点滴做起”。

（原载于1988年8月济南军区《党纪党风情况》）

正确认识党风和社会风气是当前理想教育中不可忽视的一个问题

最近下部队，发现有些干部战士对当前的形势缺乏正确的认识，把党内和社会上的不正之风看“过了头”，许多单位反映，一些干部战士之所以缺乏远大理想，一个重要原因，就是不能正确地看待当前社会上存在的消极现象。对于当前的形势，邓小平同志在党的全国代表会议上有明确的估计：“十一届三中全会以来的将近七年，是新中国成立以来最好的关键性的时期之一。”引导干部战士正确认识当前的党风和社会风气，把思想统一到邓小平同志对形势的估计上来，是当前理想教育中急需解决的一个问题。

一、为什么要统一对党风和社会风气的认识

1. 对党风和社会风气的认识，直接影响到对党的政策的理解和信念的坚定。中央领导同志最近指出：对形势的估计和判断，不仅关系到能否正确地确定路线、方针和政策，而且关系到我们的信心强不强，信念坚定不坚定。人们估计和判断形势，往

往从党风和社会风气看起，对党风和社会风气缺乏正确的认识，就会引起对党的政策的怀疑，以至对共产主义信念的动摇。某部二连做过一次调查，发现因为对党风和社会风气不能正确分析和认识而动摇信念的占干部战士总数的百分之六十以上。不少基层干部反映，理想教育难搞，课堂上讲的道理，被社会上的不正之风给抵消了，大家感到理论和现实对不上号，课堂上的大道理不可信。

2. 对党风和社会风气的认识，直接影响到部队的情绪和稳定。不少单位反映，一些干部战士由于不能正确地看待党内和社会上的不正之风，而产生了一些消极情绪。某部五连指导员谈到这样一件事：今年年初，他们连担负一项施工任务，开始干部战士的热情很高，过了一段时间，因为一个战士通过不正当的关系调离了连队，干部战士的热情一下子降了下来。战士们说：现在干什么都要靠后门，埋头苦干，不如找个靠山。后来，他们通过教育，引导干部战士正确看待这些消极现象，部队的情绪才稳定下来。

3. 对党风和社会风气的认识，直接影响到干部战士对党风和社会风气的态度。少数干部战士，由于对党风和社会风气缺乏正确的认识，对不正之风由看不惯到跟着干。某部一位副教员员今年确定转业，开始一直坚持工作，等待分配。后来听说自己被分配到一个偏僻的山区，而和自己同时确定转业的两个人则通过关系安排到了条件比较好的地区。一气之下，他也到处托关系，调到了比较理想的地区。他说，我过去最看不惯拉关系，走后门等不正之风，也经常教育战士不要搞不正之风，现在具体问题轮到自己头上，也走起后门来了，不正之风真好比是臭豆腐，闻起来臭，吃起来香。

二、怎样统一对党风和社会风气的认识

根据一些单位的经验，要统一干部战士对党风和社会风气的认识，必须解决以下几个问题：

1. 据实讲解，把党风和社会风气的客观情况以及党和政府所作的努力告诉大家。有些同志之所以对党风和社会风气缺乏正确的认识，一个重要原因，就是对党风和社会风气的客观情况缺乏全面的分析，对党和政府为纠正不正之风所作的努力不够了解。有的看到社会上的一些消极现象，便以偏概全，否定社会上的整个积极因素；有的对小道消息不作调查，不辨真伪，添枝加叶，以讹传讹，一传十，十传百，越传问题越玄乎。某部作过一次调查发现，虽然大家对社会上的不正之风传说很盛，但真正是亲眼所见或亲自查实过的寥寥无几，大多数都是间接听来的，无证可查的。应当承认，当前我们党内和社会上确实存在着比较严重的不正之风，存在着一些丑恶现象。对这些东西，我们既不能回避，采取不承认主义，又不能采取堵的办法，不让大家讲话。邓小平同志指出："群众关心的实际生活问题和时事政治问题，各级领导一定要经常据实讲解，告诉大家客观的情况以及党和政府所作的努力，并且对群众所反映的不合理的现象及时纠正。"群众了解了全面真实的情况，就会得出正确的认识，对问题作出正确的回答。一方面，我们要教育干部战士树立辩证的观点，对党风和社会风气做全面的分析，对一些小道消息作审慎的考察和辨析，不要轻信，不要去当"二传手"；另一方面，我们要据实讲解，把客观情况以及党和政府为纠正不正之风所作的努力告诉大家。要善于观察、认识和挖掘社会上的光明面，用各种先进的典型教育部队。许多单位反映，曲啸同志的报告和英模报告团的事迹，使干部战士受到了一次生动的理想教育，大家从这些英雄模范人物的形象中看到了理想的楷模，悟出了理想的真谛，认清

了社会的主流，把握了生活的本质。这个事实告诉我们，社会上的新风尚、新道德，是教育部队最生动、最有说服力的教材。同时，还要向干部战士讲清党中央为纠正不正之风所采取的一系列措施，使大家看到，对党内和社会上存在的不正之风，党中央是一直抓住不放的。十一届三中全会以来，党中央先后制定了《关于党内政治生活的若干准则》、《关于高级干部生活待遇的若干规定》等党规党纪，在党的各级组织建立了纪律检查委员会，开展了社会主义精神文明和打击经济领域里的犯罪活动，并分期分批对党的作风和党的组织进行了整顿，对一些严重违法乱纪的党员，给予了政纪和法律制裁。当前全党上下思想是一致的，意志是一致的，党内是团结的，民主生活是正常的，党群关系是密切的，这是我们党风和社会风气的主导方面。通过这些事实，使干部战士明确党中央在提倡什么，反对什么，看到党风和社会风气的主流，坚定实现党风和社会风气根本好转的信心。

2. 具体分析，把党风和社会风气放到一定的历史条件下去认识。许多单位反映，谈到党风和社会风气，一些干部战士往往好与五十年代和六十年代初期比，认为现在的党风和社会风气不如以前了，对当前社会上出现的不正之风感到迷惑不解。

现在部队的干部战士大多数是建国以后出生的，他们对五十年代的社会风气并不十分了解，对新时期的历史条件又缺乏深刻的认识，只是简单地拿一些社会现象去对比，这就难免产生一些模糊认识。党风和社会风气是由当时的历史条件和社会环境决定的，不能机械地拿不同年代的社会风气进行对比。我们要用历史唯物主义的观点教育干部战士，引导大家把党风和社会风气放到一定的历史条件下去认识。对当前党内和社会上存在的不正之风，进行历史的、具体的分析，认清产生这些问题的历史根源和社会根源。在这方面，某团进行形势教育的经验可作借鉴：他们针对干部战士对当前社会上的不正之风感到迷惑不解的问题，组织大家认真分析了当前我们所处的历史条件，于五十年代和六十年代初相比的不同特点，使大家认识到，当前，我们正处在一个历史转折时期，十年动乱，被林彪“四人帮”搞乱了的是非标准还没有完全澄清。同时，随着党的工作重点的转移，我们正在进行全面的经济体制改革，实行对内搞活动对外开放政策，在引进西方科学技术的同时，资本主义的腐朽东西也会乘机渗透。在这种新的历史条件下，人们的思想异常活跃，各种非无产阶级思想也必定要表现自己，少数坏分子也会乘机进行捣乱。社会上出现一些新情况、新矛盾，暴露一些丑恶现象是不奇怪的，随着党的政策的不断完善和经济体制改革的成功，这些问题是不难解决的。这个团的经验说明，只要帮助干部战士认清当前我们所处的历史条件的特点，就能使大家在复杂的社会现象面前，保持清醒的头脑，从而坚信党的领导，坚信党的路线、方针、政策的正确性。

3. 把握趋势，认清党风和社会风气好转的必然性。有的同志提出，粉碎“四人帮”都快十年了，党风和社会风气为什么还没好转？刑事犯罪打了，经济犯罪刹了，整党也搞了，党风和社会风气为什么依然如故？这些同志只看到了党风和社会风气好转的迫切性，没有看到其艰巨性，犯了急性病。

解决这个问题，首先要使干部战士明确，实现党风和社会风气根本好转需要一个过程。最近，中央一位领导同志指出，彻底清除“文革”的消极影响，要花一代人甚至更长时期的努力。而我们有些同志，认识不到这一点，总希望通过几次教育，搞一次运动，就把不正之风像扫垃圾一样清除干净，这是一种不切实际的想法。历史唯物主义认为，社会意识具有相对的独立性，当社会意识赖以存在的物质条件改变以后，它还可能存在一个很长时间，并对社会的发展起着阻碍作用。一种错误思想的抛弃，丑恶现象的克服，正确观念的建立，需要一个极其艰巨的斗争和转化过程。十年动乱，林彪“四人帮”的消极影响是多方面的，这些消极影响渗透到意识形态领域，表现了很大的顽固性，虽然我们对他们进行了组织上的处理，但他们的消极影响不可能很快就消除干净。中国几千年封建历史所形成的传统观念，更不可能在短期内得到根绝。同时，我们正在进行一场空前的大变革，党的方针政策需要一个逐步完善的过程，人们对新生事物的认识也有一个逐步深化的过程。要引导干部战士弄清党风和社会风气在短期内不能根本好转的原因，克服急躁情绪，树立长期作战的思想。其次，要使干部战士认清党风和社会风气好转的必然性。实现党风和社会风气的好转需要有一个过程，但是，这绝不是说腐朽势力有多么强大，不能因此而丧失信心。一切不正之风，从根本上违背了人民群众的利益，违背了历史发展的客观规律，必然引发人民群众的反对。从军内到军外，从党员到群众，对不正之风无不深恶痛绝，端正党风顺乎民心，搞不正之风不得人心。俗话说，民心不可欺，众怒不可违。凡是人民群众反对的，必定被历史所抛弃。要教育干部战士，既要看到党风和社会风气没有根本好转的一面，更要看到党风和社会风气正在好转的趋势，不要被一些表面现象所迷惑。

三、面对党风和社会风气的现状，个人应持什么态度

党风是由每个党员的作风来体现的，社会风气是由每个社会成员的思想作风来反映的。每个党员，每个社会成员都有一定的工作范围，都掌握着大小不同的权力，对党风和社会风气都负有一定的责任。一个人的所作所为，或好或坏，都会给党风和社会风气带来一定影响。搞不正之风，会给社会带来消极的影响，廉

洁奉公，会给社会带来积极的影响。当年，“南京路上好八连”身居闹市一尘不染，以革命战士特有的无产阶级本色，影响了旧上海，改造了旧上海；雷锋式的好干部朱伯儒同志，以他高尚的品德，坚定的信念，影响教育了一大批青年；前线战友以“亏了我一个，幸福十亿人”的高尚情操，为全社会树立了理想的楷模。有些同志只看到社会上不正之风的消极影响，却很少想到自己如何去积极影响社会，把自己划到了圈外。我们要用以上这些生动事实教育干部战士，使大家明确自己在端正党风和社会风气中的责任，防止和克服以下三种情绪。

一是埋怨情绪。有的同志一提起不正之风，就怨气十足，满腹牢骚。盼望党风和社会风气好转的心情是可以理解的，但是光发牢骚，不去为端正党风做一点实际工作是不能解决任何问题的。优秀共产党员罗健夫说过：“与其埋怨，不如自己给周围的人做个样儿看，与其叹气，不如自己想想为纠正不正之风出点什么力！”要教育干部战士，既要有良好的愿望，又要拿出自己的实际行动。对社会上的不正之风，不能光指手画脚，怨这怨那，而应当为纠正不正之风扎扎实实做点实际工作。

二要克服攀比情绪。有的人明知搞不正之风不对，但嘴上反对，心里羡慕，行动上模仿，认为人人都搞，我搞也无妨，别人去搞，独我不搞，太吃亏了。如果人人都这样攀比，党风和社会风气不仅不能好转，还会使不正之风泛滥成灾。要教育干部战士，严于责己，从自身做起，一个人做好了，就会影响带动周围的同志，周围的同志做好了，又会影响带动更多的同志。如果我们每个同志都坚持从我做起，洁身自爱，党风和社会风气的好转就不难实现。

三要克服无关情绪。有的同志认为，纠正不正之风是上面的事，别人的事，与己无关。对不正之风睁一只眼闭一只眼，不批评不斗争，等待观望，听之任之。这种消极态度也是非常有害的，纠正不正之风，不是那几个人或那一级组织的事，而是每个共产党员和广大群众共同的责任。要教育干部战士，以高度的革命责任感，不等不靠，自觉抵制各种不正之风，抵制上面的不正之风不怕打击，抵制周围的不正之风不怕讽刺，自己不搞不正之风不怕损失。为实现党风和社会风气的根本好转做出积极的贡献。

（原载于1985年12月济南军区《政工简报》）

30年的记忆

2015年8月14日，是济南军区司令部直属工作部成立三十周年。这年初，在军内外以及许多媒体传说，在此次中国人民解放军裁减员额30万，军队体制编制调整改革中，要撤销济南军区。

我们历任直工部部长在3月份的例行每年聚会中，我提出：鉴于济南军要撤销的传说，在8月份直工部成立三十周年之际，搞一次直工部机关和直属队部分战友聚会，以回顾历史、继承传统、增进友谊、加深感情。军区联勤部副政委、时任直工部副部长、部党委副书记、第二任直工部部长胡礼仁同志首先表示赞同，他说：这个活动很有意义，分别二三十年的老战友可以见个面，互相问候祝福，互相联系，增进感情。时任曹明常部长、潘长江政委、孙一军、张守喜、谭树贤部长、方文生、于永初、于永军副部长等都表示赞成。

在统一思想的基础上，当即成立了直属工作部成立30周年联谊活动筹备小组，委托孙一军、方文生同志负责，于永初、于永军同志具体承办，并议定了原在直工部机关工作过的处以上，直属队提升为副师职以上的同志约200人左右。邀请历任兼任直属党委书记的副参谋长参加，并决定两个问题：一是由于永军同志把我们议定的问题向现在直工部领导报告，取得组织上的支持；二是活动经费由张建中同志负责筹措。

时隔近一个月，方文生同志给我转发了直工部领导意见的信息：鉴于中央八项规定要求，今后各种同乡会、同学会、战友联谊会等不准聚集，直工部领导不同意这次聚会。

我们都是老同志、老党员，既然组织上有要求，我们绝不能违背，至此取消了这项联谊活动。但我的心老是惦记着一起工作过的战友，经常回忆直工部30年走过的历程，总想以一种合理的方式对直工部成立30年表示纪念。

7月25日，我认真思考后与方文生同志商量，我个人拿钱请1985年时任济南军区副参谋长兼直属党委书记郝宝庆同志，副部长胡礼仁同志以及八位处长同志一起餐叙，纪念和回忆济南军区司令部直属工作部成立30周年的光辉历程。方文生是个思想解放，工作作风很大气，办事很认真负责的同志，他非常感激并积极支持，因他7月30日要和家人一起外出旅游，我们商定于7月29日在燕子山庄小聚。

30年了，这些老同志无论在军队或地方工作都已退休。刘仁厚同志转业地方后退休，几经周折才联系到他。方南江同志因身体不适不便参加，曹善国同志因在外地旅游回不来，秦文健同志从新乡很早就赶到济南，促成了29日中午餐叙的活动。

济南军区副司令、时任司令部副参谋长兼直属党委书记郝宝庆同志说：建中同志组织这个活动很有意义，既不违反中央八项规定，又体现老同志的感情和友谊，今天我在这儿讲话好像回到

30年前，看到你们个个都是身强力壮的青年，个个都是各个工作岗位上的干将，我已年近八旬，你们也都退休，但战友的感情还历历在目，工作中的友谊还铭记在心……他讲得很有感情，把同志们带到了30年前的工作环境中。

济南军区联勤部副政委，时任副部长胡礼仁同志说：8月14日早晨，下着小雨，我带着方文生、秦文庭等10多名同志到达济南，张部长和直工部的同志把我们接到济南军区直工部工作。直工部机关非常团结的氛围，善于调查研究的工作之风，奋力拼搏的工作精神使我印象很深，尤其是对原武汉军区调入的10几同志在生活、工作上给予很多关心，使我们很快就做到了合编、合心、合力，融入一个新的集体。

济南军区装备部副部长，时任宣传处处长方文生同志感受很深，他动情地说：建中政委与我商量此事时，我很感动，老部长30多年还没忘记当初的感情，还惦记着大家，曾经设想在更大范围聚会没有实现，这次怀着深厚的情谊，组织直工部成立时的首任直属队党委书记、直工部的首长、直工部各处的首任处长餐叙，我们会珍惜这种感情和友谊，并向直工部机关干部和直属队领导传播这种友谊和感情。

日照军分区政委、时任秘书处处长李续同志说：今天郝副司令和我们在一起，我好像回到了30年前我们筹备直属队党委第一届党代会时的情景，又好像直工部在开部办公会似的，想起那时部里团结和谐的环境，真是终生难忘。

司令部调研室政委，时任保卫处处长韩延启同志说：我是原直属政治部的老人，两大军区合并后成立的直属工作部，很快形成团结向上的局面出乎意料，努力进取的精神出乎意料，各方面工作理得很顺出乎意料，那几年部队编制体制调整面很大，但直属队的安全形势很好，主要得益于直工部机关的团结，直属队各单位领导的敬业,“上不愧党,下不愧兵”是凝聚直属队的精神力量。

通信训练大队政委、时任干部处处长刘仁厚同志讲：我已转业地方工作多年，平时与各位联系不多，首长和机关还想着当年的感情，我非常感动，当时司令部的干部工作，得到了司令部首长和机关各二级部的关心支持，干部使用的公道正派，干部工作环境非常好，应该说是直属队最好的时期。我任职二年多处长就提升副师了，我终身难忘这段经历和感悟。

司令部编研室副主任、时任纪检处处长刘建同志激情地讲：我当时是直工部最年轻的处长，没想到能提升我，部首长和机关对纪检工作非常支持，使我工作开展非常顺利。当时直属队的风气很好，来信来访和违纪案件也特别少。

新乡军分区政委、时任老干部处处长秦文庭同志听说参加这个活动，非常积极，他说：我把新乡原答应的一切活动都推掉了，提前到达济南来看望各位首长和战友。我原是干部处处长，开始来任老干部处长还有点想法，上任后一看到部里上下很团结，对老干部工作很重视、很支持，很快就进入工作了。部首长和各位处长对我家庭很关心，对我二个孩子的安排很关心，使我一家非常感激，借此机会我向各位老首长、老战友表示感谢。

军区司令部办公室副主任，时任组织处干事候丰田同是作为干事代表参加这次活动。他说：这么多年隐藏我内心的一种感激之情，今天我可以表达一下，原 46 军撤销时，是直工部首长接纳了我，把我调到了济南，是直工部历任首长培养关心，使我才有今天，我代表直工部参谋、干事，感谢历任直工部首长使我们的培养和关心。

我在这激情的氛围中讲：各位对直工部之所以有很深的感情，因当时直属部队党委和直工部有关心支持我们的郝副参谋长，他处事公道，办事认真、使我们的工作顺心、顺手、顺利；有 8 位优秀的处长，使直属队各项工作基础扎实，能够创新发展；我有个好搭档，胡礼仁副部长大局观念强，工作扎实，直工部领导的团结协调，是机关和部队团结创新发展的基础。

30 年，对年轻人来讲是而立之年。对我们这些退休的老同志来讲是工作的黄金阶段。现在我们坐在一起回忆起往年的事，往年的情，显得格外亲切，感情友谊格外深厚。郝宝庆副司令赠送各位一本军旅影集画册，我把退休后创作的《怡心集》赠送各位战友。席间，大家都以微薄之酒表达深情厚谊，祝愿健康快乐。

我当直工部部长期间，有件事终生难忘。1987 年春季，坦克乘员训练团 3 日初从市内拉树苗回营区，行至白马山附近时，发现前面一位骑着自行车的女同志，听汽车喇叭声精神紧张，不慎掉入路边的小沟内，沟坡较陡，小腿摔骨折。拉树苗车的带队干部见状立即停车，将女同志救上岸后问明情况，用拉树苗的车把他送到附近的解放军 106 医院，挂号，交上押金送急救室救治。约 2 小时左右这位女同志爱人赶到医院，没问当时情况，就大声地说：你们解放军汽车把人撞了，还说是做好事，说着就把带车干部拉到一边，要医疗及赔偿费用，并不让部队干部战士离开，当时互相争吵的局面非常紧张。

这位女同志的丈夫原在广州军区 42 军军部当兵，与时任济南军区副司令员固辉熟悉，时隔不久，他向固副司令员写了一封信，反映他爱人被坦训团汽车撞伤的情况，并编造一些撞人的细节。约五月中旬，固辉副司令找我到他办公室批评说：“你们坦训团汽车把人撞了，还说是学雷锋做好事”。他当即从抽屉拿出打印的材料说：“我要批军务部好好调查此事，现在部队中报喜不报忧的很多，你们直属队要严肃处理此事，不能纵容这种不良风气”。我说：我们直工部军务处已经派人调查，与坦训团反映的情况基本是一致的。

在八月份驻济营以上单位主官参加的预防案件事故的大会上，固辉副司令员在讲话中突然问到："直工部张部长来了没有?"我立即站起来回答"到!"他接着就批评道："你们坦克训练团汽车把人撞了，还编造说是学雷锋救群众，地方的告状信我还放着，我在问你此事时，你还袒护他们，不如实报告情况，这种不良风气你们直工部要好好整整……"他批评时我大约站有两三分钟。

1990年，固辉副司令员调南京军区任司令，我已调任军区政治部秘书长，我去他家看望送行时，他突然说："老张，你们坦训团那件事我批评你们错了，那两口去年来看我时，他爱人指责了丈夫说，部队的汽车没有撞到她，是她刚学会骑车紧张摔下去的，多亏解放军及时帮助，不然还可能落下残疾呢!"听后，我把她丈夫批评了一顿，我让他们找你们赔礼道歉，他说他们找不到这个单位和当事人了。

我听后很受感动，我想各级领导工作中由于调查研究不够，偏听偏信的情况是有的，但事隔几年了，固辉副司令还想到这件事，他这种坦荡的胸怀是难能可贵的。这也应该是高级领导干部应有的品德啊。

济南军区在花甲之年撤销了，直工属工作部是在他而立之年成立的，伴随济南军区走过了一个甲子。我纪实直属工作部这段历史，是骥希在济南军区直工部和直属队工作过的战友们，记住1985年8月14日这个难忘的日子，记住直工部走过这30年的光辉历程，记住部队的恩、记住战友的情。

第七章　调任秘书长

1988 年 11 月下旬，我与组织处副处长刘建同志、干事韩利嘉同志在军区通信团蹲点调研。29 日下午 5 点多钟，时任济南军区副司令员兼参谋长马伟志首长通过军区一号台联系上我，问："张部长现在在哪?"我说："我现在在通信团蹲点，首长有何指示?"他说："你晚上 8 点钟到我家来一趟。"

第一次向组织"讲价钱"

约七点半左右，首长刚看完中央电视台新闻联播，我就驱车赶到马副司令员的家。当时首长是临时住在司令部家属院中区二级部长的房子，和我们部长们住在一排。

马副司令临时住房客厅很小，我坐下后，他即问：通信团现在怎么样？我简单汇报了几句。随后首长就说："今天下午军区常委开会研究干部，其中拟定你去政治部当秘书长，当时我说：张建中直工部长干得不错，如果提升调出我同意，平职调任秘书长我不同意。常委会讨论秘书长位置上有四五个候选人，最后多数人认为你是比较适合的人选。因为你是司令部的部长，我不同意，常委也就没定。常委最后委托我征求一下你的意见，你愿不愿意去当秘书长”。听了这番话，我头脑一下蒙了。约停有两三分钟，我问首长：“是征求我意见吗?”首长说：“常委议定是征求你的意见。”我这时毫不犹豫地说：“我不愿意去当秘书长。”当即讲了三条理由：其一，我的文字功底不行，秘书长主要是搞文字的，我不胜任秘书长；其二，政治部文人较多，“文革”中不团结的因素仍然存在，我是带部队出身的，不适合去当秘书长；其三，1985年整编后，直属队关系很顺，直工部机关内部很团结，我舍不得离开直工部。马副司令员是一位很干练的首长，听完我讲的三条意见后，当即打电话找到时任干部部长张钰钟同志，“你报告李司令、宋政委，张建中不愿意去当秘书长。”接着他又对我说：“司令部直属队目前形势很好，我也不愿意让你离开。”

第二天，我又返回通信团蹲点，继续调研加强基层党支部建设问题。之后，军区多位首长动员我去政治部任秘书长，有的首长出于对我的关心讲：“你是政工干部，到政治机关工作今后发展的路子会更宽些。”因此，我给首长们表态是“服从组织安排”。

我的性格比较内向，不善于张扬。马副司令谈话的内容，我既没有向工作组和团里的领导同志透露，也没有在别处谈论此事。大约拖了有一个多月时间，12月初，济南军区常委开会讨论干部时，决定我调任政治部秘书长，马伟志副司令员找我谈话时安慰我说：“去吧，你直工部长能干好，秘书长也一定能当好，到政治机关去发挥你的作用会更大些。”随同在团里蹲点近一个月的韩利嘉同志讲：“部长这么大的事你怎么从来没给我们讲过，你还是和我们一样一心一意在抓基层啊!”

12月4日晚7点钟，军区政治部姜福堂主任通知我到他办公室谈话上任。我说军委的任职命令还没到，直工部的工作我也没交班。姜主任说，我们已向总政报告，正师职干部平职调整可以先上班工作，直工部部长由干部部副部长胡礼仁同志接任。姜主任说：“傅征仪秘书长 7 月份休息，近半年办公室没有秘书长，各项工作要有人去协调，办公室自身也要有人去管理。”接着姜主任给我提出四条要求：一是秘书长既要为政治部首长出主意抓落实，又要注重管好办公室的自身建设，在政治部机关树立良好的形象；二是要注重抓好政治部机关的管理和生产经营项目，解决好政治部机关自身保障问题；三是搞好政治部各二部的协调和机关的服务保障；四是管好政治部直属队，加强对直属队各单位的政治思想建设和作风纪律管理。把人员管住，把车辆管好。姜主任再三要求我大胆工作，并鼓励说：你能管好司令部直属队，也一定能当好秘书长。12 月 5 日，我在姜主任的秘书引导下，到秘书长办公室上了班。

坐了两天冷板凳

上任后得知，傅征仪秘书长退休后，时任的三位副秘书长论资历、年龄和我都差不多，都有接任的欲望。后来调总政一位，留下这两位副秘书长没有明确谁主持办公室的工作，两位副秘书长主管的重要工作都要直接请示姜主任。我是从外面调入的，当时政治部机关还有人在议论我是通过什么关系来当秘书长的，很多人还在冷眼观察，所以无人主动去接近我，更无人主动向我介绍或汇报工作，每天只有行政秘书孙友军同志到办公室送送材料，问问情况。第二天下午，我让孙友军秘书通知，明天上午 8 点召开办公室处以上干部会。

次日会议开始，我自己主动介绍我是刚来的张建中秘书长，简单地介绍了我个人的情况，两位副秘书长和各位处长也都各自介绍了个人情况和分管的工作，随后我提出了三条要求：第一，从明天开始两位副秘书长和各位处长分别向我介绍分管的工作，以及办公室当前的主要工作，需要解决的主要问题；第二，从明天开始政治部经费的大项开支，政治部的重要工作，三位政治部领导的重要活动要向我报告；第三，政治部直属各单位的主要领导离开济南要及时请示报告。从此，我开始认真履行起秘书长的工作职责。

从听取各位处长的工作汇报和调研中我深知：秘书长一职，对下是领导，对上是管家，承上又启下，身处权力核心，既要游刃有余，又要均衡各方关系，更要言端行正。

打铁还得自身硬

通过近一周听取各位副秘书长和处室领导的情况介绍，我意识到，办公室存在的突出问题是内部不团结，工作不够协调。12月中旬，组织部门分配办公室年终一名立功名额，各处在总结评比时，都是提名本处的人员立功，两位副秘书长也各自支持分工所在处的人员，办公室支部开会时，意见很难集中，约半个小时没定下立功人员。最后我集中处以上干部，要求不准提名本处人员，每人推荐一名。最后，秘书处文明贤秘书获得了4票，党支部讨论时一致同意报该同志立功。此事充分表现了办公室当时的思想状况。

打铁还得自身硬。我与两位副秘书长反复统一思想，确定集中抓好办公室内部的团结和工作协调问题，要求上下级之间谈心交心，处长之间相互沟通交流，并结合年终工作总结，集中抓好办公室内部的团结协调问题。姜福堂主任在参加政工研究室的一次党小组会上，对办公室的这一做法给予充分肯定，对政治部办公室如何当好参谋、搞好协调、做好服务工作提出了明确要求。经过几个回合，办公室的精神状态、工作面貌、内外外系，以及为机关服务的态度有了很大的改进。

1989 年下半年，我上任秘书长不到一年的时间里，收到的告状信没有间断，干部战士传播自由主义的现象比较普遍，机关和政治部直属队的战士违纪现象时有发生。针对这一现象，我们三位秘书长统一思想后，向分管办公室的黄学禄副主任汇报，召开一次办公室机关和政治部直属队的干部战士大会，我与二位副秘书长统一思想，大讲办公室机关团结协调的现状，大讲不团结的危害，提倡大家有话当面说，畅通民主渠道，反对自由主义互相告小状的现象。黄学禄副主任充分肯定我们这次会议的意义，并对办公室的团结协调提出了具体要求。经过一段时间的努力，办公室的凝聚力明显增强，上下团结协调，内部关系融洽，干实事的多了，犯自由主义私下乱议论的少了。

提升自我发展的能力

赵紫阳任党中央总书记期间，我国经济发展正处于“文革”动乱向我国经济社会发展正常运转的时期，国民经济还比较困难，当时党中央向军队提出，在军费保障比较困难的情况下，号召军队“自我发展、自我完善”。从 1985 年裁军 100 万以后，各部队都先后办起了工厂、农场，有的还开矿山、搞贸易，生产经营在部队大张旗鼓地开展起来。为了促进解放思想，提高自我发展的能力，解放军总政治部在广州军区召开了全军政治工作会议，会议主旨是研究加强部队的经常性政治思想工作，会议安排专门时间参观沿海地区解放思想，改革开放，经济发展较快的深圳、珠海等大型企业，参观广州军区和广州军区政治部生产经营企业和几个星级大酒店的经营状况，历来比较保守的济南军区参加会议的领导和机关同志都受到很大振奋，会后对军区的生产经营发展也确实起到很大的推动作用。

政治机关历来是务虚的多，搞生产经营缺乏人才。刚上任秘书长时，管理处处长汇报，机关这几年生产经营收益很少，机关生活保障不如司令部、后勤部机关，当年账面流动资金只有六七十万元，还外欠一些债务。1999 年 3 月份，在政治部礼堂开会间隙，我偶尔听到机关有议论："听说政治部下月的生活福利取消啦！"面对这种状况，根据姜主任的指示和办公室各位处长的建议，我下决心抓好政治机关生产经营的项目发展。

及时引进人才，加强生产经营办公室的力量。在胜利油田成立了落地油回收办公室。山东省军区和 26 集团军，这个项目抓得比较早，经营办分别向这两个单位取经，同时选调了 77 师炮兵团团长聂卫华同志负责此项工作，我多次出面与济南炼油厂领导交谈，与厂销售部部长李灿吉同志经常交流，并积极帮助炼油厂解决一些实际问题，双方关系非常友好。在聂卫华等人的努力下，运油一项每年能增加收入三四百万元。

成立煤运办。经我带人到山西临汾等地考察，当时在山西搞煤矿的军队单位有近百家，而且多数效益较好。经多次考察商谈，我们在临汾收购了一座小煤矿，并引进了 63 集团军经营办干部陈辉法到政治部经营办工作，专门负责晋煤运销工作。这项业务每年能收入五六十万元。次年，我们在河南濮阳中原油田又成立了运油办公室。

开设彩扩部。90 年代初，济南市的彩色摄影和洗印还比较少。经过认真调查论证后，报请政治部首长批准，我们在交通非常便利的济南大纬二路，黄河出版社的近邻开设了黄河彩扩部。之后又调进一名善经营会管理的王家龙同志任彩扩部经理，经济效益非常好，当年即收回投资并略有盈利，每年亦可增加收入三四十万元。

政治部门诊部治疗面瘫，是门诊部一位老副主任祖传下来的秘方，在山东以及全国多个省市很有名气，原来外地来就诊的每月都有数十人，为扩大为社会服务的门诊量，增加经济效益，经有关部门批准，我们为门诊部在营区外开设治疗面瘫专科门诊，并增添了设备和药材，增加了人员提高了社会效益和经济效益。

电影发行站在为部队搞好服务的同时，扩大服务范围，增加为社会服务的功能；黄河出版社在保障出版部队刊物的同时，面向社会，增加印刷的种类等。这些服务项目的扩大都为政治部机关增加了一定的经济收入。

由于政治部首长对生产经营管理的重视，黄学禄副主任亲自过问并帮助解决经营中遇到的困难和实际问题，政治部机关的生产经营效益连年翻番，由 1988 年的年收入六七十万元，到 1991 年底我离开政治部办公室工作时，年收益达到 700 多万元。政治部机关干部的生活补助及各项福利得到较好的保障。机关干部反映，军区机关司、政、后三大部，政治部机关干部福利保障最好。

做好机关服务保障

上任秘书长后，我在调查研究中深深感到，政治部办公室既是政治部的“司令部”，负责落实政治部首长的指示，需要给领导当好参谋；又是政治部机关的“后勤部”，负责首长和机关的后勤保障。提高机关的服务保障能力，是政治部办公室的职能所系。

我上任不到一个月，时任干部部部长张钰钟、组织部部长程宝山找到我，让我帮助解决家用液化气问题。当时我感到很吃惊，记得我在司令部工作时，机关干部家庭早已用上液化气，而政治部二级部部长家怎么还没用上液化气呢？调查中得知，军区为解决机关生活用气问题，为司、政、后三大部各补助10万元，购买了液化气灌车，司令部、后勤部都各自建了煤气站。政治部因资金缺乏，不但没建煤气站，连煤气罐车都卖了。

了解到这一真实情况后，我找到了马伟志副司令，从司令部齐河农场要了三亩地，建政治部煤气站。马副司令开玩笑地说：“你是司令部嫁出去的，等于是‘出嫁’的彩礼吧！”就这样，司令部齐河农场无偿划给政治部建煤气站的三亩地。煤气站，属于易爆炸危险建筑，半月左右济南市和齐河县就办完准建手续，从报批到建成使用总共用时六个月时间。为保证建站质量，加快建站进度，我基本每个星期天都去现场督导，帮助解决建站中的困难和矛盾。煤气站建成后，姜福堂主任，蔡仁山、袁守芳副主任带领机关二部部长到煤气站参观检查，各位领导都投以赞扬声。姜主任指示：把煤气站建设情况及会后使用和管理问题做个录像带，在政治部机关闭路电视中播放一下，让政治部机关和直属队干部都知道我们解决了家用液化气问题。

90年代初期，人们生活用奶还没有普及，为儿童和老人订牛奶还需要找关系订购，每天早晨由送奶工人送到门前存奶的盒子里，夏天有时还收到过期和坏了的牛奶。

我到政治部任秘书长后，了解到机关干部家庭用奶的很少，要求订牛奶的呼声很高。而军区司令部机关当时已走开自养奶牛并负责加工送奶的路子，牛奶的质量也有保障。经报请政治部首长同意后，我再次找到马伟志副司令员，要求首长再“陪嫁”几头奶牛，马副司令是位非常大气又讲感情的首长，他问我需要几头奶牛，我说调查了一下，八头奶牛产奶量才够供应政治部机关干部家庭。他当即决定从司令部奶牛场无偿支援政治部机关八头奶牛。

有了奶牛，管理处在西郊和司令部农场相邻的政治部农场成立了奶牛饲养和牛奶加工基地。约一个多月，即生产出了合格的牛奶，并把向订奶家庭配送交给了政治部服务社。但后来又不时听到机关干部反映，经常收到坏牛奶。为找到原因所在，我每天早上步行从司令部宿舍到政治部服务社送奶点，很快发现，主要症结是服务社送奶工人没有按时取回。于是做出规定：取奶工人每天早晨七点前必须按时把奶送到取奶点。这样一来，机关干部就能按时领取牛奶，而且不耽误上班。从此解决了机关干部这一生活难题。

政治部机关经费有了保障，逐步改善了机关干部的生活保障，为机关干部家庭安装了电风扇，整修了机关洗澡堂，修建了机关车队和战士服务楼，同时还新建一栋机关办公楼、两栋机关干部宿舍楼，规范了政治部机关的办公秩序，改善了宿舍大院的道路和生活环境。

面对办公室顺畅的内外关系，济济的人才队伍和机关良好的办公、生活环境，面对首长的肯定和机关干部的赞扬，我从内心里充满了喜悦。此时此刻离开办公室和军区机关，确有一种恋恋不舍之感。

“同甘共苦”的时代意义

最近，在与连队官兵同吃，同住，同劳动，同操练，同娱乐中，认真学习《中共中央关于加强党同人民群众联系的决定》，感触颇多。我认为，“五同”的实质是同甘共苦。坚持实行“五同”，与群众同甘共苦，在今天具有更为强烈的时代意义。

一、同甘共苦是社会公仆的本质特征

坚持与人民群众同甘共苦，是无产阶级领导干部鲜明的政治本色。巴黎公社的领导人成为第一批为无产阶级掌权的“官吏”。为了防止他们由社会的公仆变为社会的主人，公社采取了两个正确的办法：第一，它把行政司法和国民教育方面的一切职位交给由普选选出的人担任，而且规定选举者可以随时撤换被选举者。第二，公社一切公职人员，不论职位高低，都只付给相当于工人工资的薪金。马克思和恩格斯高度评价了巴黎公社的这两条做法，并据此提出了著名的“社会公仆”理论。这一理论，深刻揭示了无产阶级领导干部和广大人民群众的根本关系。今天，我们要使自己永远不由社会公仆变为脱离群众的社会主人，就必须毫不动摇地坚持与人民同甘共苦。在发展商品经济的条件下，有些同志把同甘共苦与绝对平均主义混为一谈，认为现在强调同甘共苦，与商品经济不相适应，也不符合按劳分配原则。这是一种误解。

首先，商品经济的发展，没有改变党员干部人民公仆的性质。党的领导干部社会公仆的地位作用，是由其阶级属性决定的。实行供给制，干部是公仆，要与人民同甘苦；发展商品经济，干部也是人民公仆，也要与人民同甘苦。我国的商品经济是公有制基础之上的有计划的商品经济，干部与群众同甘共苦，做人民的公仆，是我国社会主义商品经济的本质要求。

其次，人民公仆的无私奉献精神是对等价交换原则的突破和对按劳分配原则的超越。共产党人为人民解放事业流血牺牲，为实现共产主义，生命不息、奋斗不止，是一种无私奉献性质的服务。用等价交换的原则解释不了共产党人的服务精神，用按劳分配的观点也解释不了党的领导干部的服务精神。因为这种服务，是一种伟大的共产主义精神，是成就事业，造福人民的无价之宝。马克思一生研究商品经济，研究等价交换，倾毕生精力写出了科学巨著《资本论》，为无产阶级与资本斗争提供了强大理论武器，为科学社会主义理论奠定了基础，而他既没有按等价交换原则同无产阶级交换什么，也没有用按劳分配原则向无产阶级要求多劳多得，这难道不是一种值得人们敬仰的共产主义高风亮节吗？

再次，党的领导干部在实践活动中必须坚持“人民为先”的准则。党员冲锋在前，退却在后，吃苦在前，享受在后，这历来是我们的光荣传统。十一届三中全会以后，我们党实行一部分地区和一部分人先富起来的政策，这无疑是正确的。但对于共产党人来说，当官是负责，掌权是吃苦，如果掌权意味着比别人富得快一点，过得好一点，那就会脱离群众。在发展商品经济的大潮中，确实要防止把政治变成一种收入丰厚的生意的倾向，克服“以权谋私”“靠权先富”的现象，“必须使国家服务机关中那些无利可图，但是‘光荣的’位置不能成为在银行和股份公司内找到肥缺的桥梁”（《列宁选集》第3卷第238页）。在基层生产单位中一些直接从事物质生产实践活动的党员干部，因为勤劳致富，无可非议。但是，党员干部如果只满足和停留在这一点上，那就是忘记了“先进性”的要求，把自己由先进分子降低为一般群众。古人讲：“先天下之忧而忧，后天下之乐而乐”。党的各级干部，作为忠实的社会公仆，更要在思想觉悟上争先，在服务贡献上争先，在艰苦奋斗上争先。

二、同甘共苦是联系群众的重要途径

密切联系群众，这是我们党的优良作风。作为一个领导干部，联系群众的途径是多种多样的，而与群众经常实行“五同”，努力做到同甘共苦，则是同群众密切联系的一条重要途径。

首先，只有同甘共苦才能取得群众的亲近和信任。干部与群众同甘共苦，是真心联系群众的一种有力的自我证明，也是群众把干部视为“自己人”，自愿地、愉快地接受你的联系的关键环节。如果我们的干部只是通过会议主席台、报纸、电视等方式联系，只能是人心隔肚皮，难以建立起血肉关系。

其次，只有同甘共苦才能增强凝聚力。我国正处于社会主义初级阶段，面临的矛盾比较多，实现四化、振兴中华的任务艰巨，目前又处于外有压力、内有困难的治理整顿和深化改革的时期，必须要靠同甘共苦来密切干群关系，凝聚人心，鼓舞士气。党中央提倡过紧日子，领导干部就要与群众共同艰苦奋斗，这样，群众就会有信心、有希望、有斗志，就会紧紧追随和团结在党的周围，携手并肩去从事伟大的建设和振兴事业。

再次，只有同甘共苦，才能实行科学决策。决策，是领导干部为人民服务的基本实践活动。领导干部密切联系群众的一个很重要的目的，是为了保证科学决策。领导干部密切联系群众的成果，很重要的是要落实到科学决策上来。而坚持同甘共苦，则是保证科学决策的基础工程。这是因为与群众同甘共苦对策的性质和方向有制约。我们的一切决策，在本质上都是为人民谋利益之策，是为人民服务之策。同甘共苦对决策工作的方向和性质有极大的制约作用。与群众同甘共苦，亲自耳闻目睹他们的学习、生活和工作，就会感到中国的老百姓好，感到我军的干部战士好。带着对人民群众强烈的热爱和尊敬之情去决策，作出的决策就会具有强烈的人民性，就会得到群众真心实意的拥护。各级领导干部在与群众同甘共苦中形成的共同思想感情，共同的立场观点，共同的希望和追求，是科学决策必备的思想感情基础。科学的决策是实事求是的结果。决策的科学性，是以情况的真实性为基础的。有的领导干部在决策中往往因弄不到真实情况而感头痛，恐怕不在于群众不唯实，而在于自己不深入。如果各级领导干部确实和群众一起实行五同，打成一片，那么，群众就会和你掏心里话，讲大实话，什么东西也瞒不了你。相反，如果在联系群众上做表面文章，就势必联系不到群众的心，了解不到深层次的信息，作出的决策就难免失误。与群众同甘共苦有助于提高科学决策的效率。有人认为，现在是信息社会，领导工作要想高效率、快节奏，就不能费时间去搞“五同”；更有甚者，把坚持同甘共苦说成是手工业工作方式。这些认识这是不妥的。从辩证唯物论的认识论角度看，进行决策的过程，就是认识客观事物和掌握客观规律的过程。而人们对事物的认识总是从个别到一般，蹲在一个单位，与群众实行五同，具体解剖一个麻雀，取得直接的、具体的、感性的知识，这就为升华认识奠定了基础。这样做看起来是花费了一些时间和精力，但是在全局上会提高决策的精确度和时效性。总之，领导干部深入实际，与群众实行五同，是决策程序中的一个必要环节。从根本建设和长远建设的角度来看，没有同甘共苦，就没有科学决策，也就难以实行正确领导。

三、同甘共苦是防止演变的有力保证

同甘共苦，不仅是密切干群关系，增进官兵团结，使上上下下能够同心同德地发展革命事业的需要，而且也是使领导干部本人不变质、不腐败，永保共产党人政治本色的需要。

与群众同甘共苦有利于领导干部在思想上保持高度警觉性。存在决定意识，环境影响思想。在长期的和平环境中，如果老是脱离生产劳动，脱离基层群众，对人民的甘苦没有亲身体验，与群众的感情就会越来越疏远，本来应该有的思想观念就会淡化，而本来不应该有的思想观念就会产生并强化，发展下去，势必不知不觉地在思想上会发生某种程度的蜕化。而经常深入基层，创造出一个能够直接接触和紧密联系群众的环境，干部就能通过五同的实践活动改造世界观，抵制侵蚀，保持政治思想上的纯洁性。掌握政权的党的各级领导干部坚持与群众同甘共苦需要具备相当的胆略和气魄。战争年代，只有与群众同甘共苦，才能生存、发展和胜利。掌权以后，具备了脱离群众的条件，容易滋长贪图享乐的思想。在这种情况下，再同甘共苦，对干部来说成了一件苦事，加上各种复杂因素的干扰，也是一件难事。有些干部在“苦”、“难”面前顶不住，便取“入乡随俗，随波逐流”的态度。如果说，革命事业要求同甘共苦，那么，要坚持同甘共苦，也必须要有点革命精神，否则，是坚持不下去的。能否与群众同甘共苦，是对干部的严峻考验。一个领导干部是出以公心当官为民，还是为了个人利益去从政掌权，这从他是与群众同甘共苦还是搞特殊化，就可以看出来。一个干部的革命斗志和精神状态如何，从他与群众同甘共苦的决心和行动中也可以看出来。每个领导干部都应该把同甘共苦作为自己的一条重要指导原则，把实行“五同”作为锻炼和改造自己的重要实践活动，在五同的过程中经常重新审视自己，发现差距，学习群众，克服不足，努

力做一个“上不愧党，下不愧民”的合格的领导者。

（原载于1990年济南军区《基层政治工作研究》第8期）

第八章　在六十七集团军的岁月

1991 年 12 月下旬，根据中央军委命令，我任六十七集团军政治部主任；军区司令部军训部部长曲方桓同志与我同时到该集团军工作，他任司令部参谋长。

上任前的谈话

12 月 25 日，宋清渭政委代表军区党委与我谈话，简要介绍了六十七集团军的情况并提出了要求。次日，时任司令员张万年的秘书熊中民同志通知我，要我下午三点钟到张司令家，首长要见我再谈谈。

当时，张万年司令临时住在六里山下为大区副职新建的院落，这是我第一次进司令员的家门，首长如时在客厅等我。坐下后我动情地讲："感谢首长对我的关心，在济南军区军职岗位比较少的情况下，提升我到六十七集团军任职，我一定不负军区党委的厚望和宋政委提出的要求，努力工作，为六十七集团军党委班子和部队建设尽职尽责。"首长讲：你秘书长当得不错，提升使用你是军区党委正确的选择；六十七集团军这支部队有好的传统，1985 年又参加对越轮战，任务完成得很好，这次参谋长、政治部主任都是军区机关下去的，对六十七集团军是个加强吧。话锋一转，首长讲：我本来在广州军区要求休息的，军委决定我到济南军区工作，我服从军委安排，但我们年龄大了，工作两年就回广州休息了，你们年轻人要好好工作，为济南军区部队建设做出贡献。席间，首长还介绍了广州军区和原武汉军区的一些情况。

我们交谈时间大约一小时。回办公室的路上，我在琢磨，张司令员这番谈话既有鼓励，也有联络感情之意。难道军区首长也是这种工作方法吗？现在我想，张万年司令要知道日后能当上军委副主席，当时绝不会有这种消极的语言吧！

现在我反思，共产党人的一生，不论官大官小，不管顺境逆境，感恩组织的培养不能变，对党忠诚的感情不能变，实事求是的工作态度不能变。

事故案件要少

1949 年 10 月 1 日，中华人民共和国成立后，中国人民解放军由战争年代打仗转入和平时期建军。尽管 1958 年有部队进藏缴匪和 1961 年的珍宝岛战争，只是成都军区和沈阳军区的部分部队参加战斗，70 年代的 8・6 海战，也只是海军南海舰队的部分舰艇参战。1979 年对越自卫反击战，是由中央军委直接指挥的，除当时的昆明军区的所属部队，还调动了全军部分精锐部队参战。

1983 年底，反击战取得了决定性胜利。为了全面提高部队的战斗力，提升和锻炼部队由平时转入战时的作战能力。1984 年，中央军委决定，轮流组织部分野战军开赴广西、云南对越作战的一线执行作战的任务，首批参加轮战的是南京军区第1集团军。

奉中央军委命令，济南军区第67集团军于1985年1月至1986年6月，率步兵第199师、炮兵第12师、步兵第200师598团，集团军炮兵团和部分直属分队，指挥步兵第138师，炮兵第8师46团及由26集团军、空降15军组成的两个侦察大队，赴云南尧山地区，接第1集团军执行对越防御作战任务。全军官兵坚决贯彻中央军委对越防御作战的方针、原则，不怕艰苦，不怕流血牺牲，在任务艰巨、环境恶劣、敌情复杂、战斗频繁的情况下，坚守阵地347天，抗住了敌40余万发炮弹的袭击，粉碎了敌4次团营规模的进攻、35次连续反扑和千余次排以下袭扰；对敌盘踞的19个高地，成功实施了4次出击作战；多次组织重点炮击和出境侦查、捕俘及破袭，共歼敌8400余人。参战部队受到中央军委的通令嘉奖。步兵第595团荣获集体一等功。5名个人和3个集体，被中央军委授予荣誉称号，打出了67集团军在解放战争和抗美援朝期间的威风，胜利地完成了中央军委赋予的轮战任务。

1986年6月轮战部队撤回营区后，部队的作风纪律整顿，伤病残干部、战士的安置处理任务较为艰巨，一度部队作风纪律松散，事故案件频出。

1990年，济南军区党委向全区部队提出“完成任务好，事故案件少”的要求，对67集团军是个非常有针对性的要求。我1991年上任后，按集团军党委要求如何实现“事故案件少”，是政治思想工作的主要标准之一，我与政治部的同志调研后提出抓好部队安全稳定的措施。一是抓先进典型，树立标杆，弘扬正气，鼓舞士气，使部队学有榜样。在全集团军部队，我先后总结宣传了595团做好思想政治工作，处理好伤残干部战士的典型，

599团做好两个经常性工作，开展“双四一”活动的典型，136师开展干部战士“改革利益观”讨论的典型等，对鼓舞部队士气效果明显；二是抓好干部、战士轮战返回后遗留问题的处理，集中宣传了199师596团干部孙兆群同志关爱照顾战友烈士家属的先进事迹，在部队弘扬正气，凝聚军心。三是抓保卫干部的培训，加大保卫干部做好预防工作的职责，使他们会做工作，提高他们会处理和化解矛盾的能力，每年培训两次。时任保卫处副处长（主持处的工作）史衍良同志讲：培训保卫干部，增强保卫干部的知识和能力，对推动全集团军预防事故案件起到很大促进作用；四是抓好重大案件的破案和处理。1993年某月，199师武器仓库枪支被盗案，我们集中了全集团军并邀请了济南军区有破案经验的保卫干部，并邀请地方公安部门参加，不失时机地勘查现场，研究案件线索的蛛丝马迹，一周内破获了这起重大盗枪案，集团军各单位从血的教训中查找武器弹药库的安全管理，重要物资器材的安全措施及人员的审查管理。至此，全集团军事故案件的起数，伤亡人数明显下降。

“双四一”的产生

张万年司令员后来在广州军区工作时经常讲，基层干部对战士要做到“四个知道，一个跟上”，就是基层干部要知道战士在哪里，知道战士在干什么，知道战士在想什么，知道战士有什么要求，干部对战士的政治思想工作要跟上。来济南军区工作第一次到军区司令部直属单位检查工作时，在军区第一通信总站等单位多次讲到基层干部对战士要做到这“四个知道，一跟上”。

随行记者们很敏感地察觉到这是军区首长对基层干部抓基层的一个新要求，军区前卫报在头版以大篇幅报道了“四个知道，一个跟上”的内涵，基本要求，在基层落实的标准，组织部门还制定了在基层落实“四个知道，一个跟上”的具体标准和措施。从此，这“四个知道，一个跟上”在济南军区所有基层单位深入扎实地推广开来，有的单位党委还以此作为考核基层干部抓基层能力的标准之一。

“知道和跟上”是对基层干部的要求。当今的社会环境，家庭状况，官兵关系是多变的，战士本人思想和激情变化因素较多，因此，干部对战士“知道”的难度加大，如何调动战士的内在动力，提高战士的思想觉悟，尊重干部、相信干部、经常与干部谈心交心，这是加强基层思想政治工作，落实“四个知道，一个跟上”的新课题，围绕这一问题，集团军政治部在五九九团进行深入调研，并在全团开展大讨论，如何让干部知道自己的实情，如何帮助干部对战士解决问题的针对性，在讨论中，战士回答了自己必须如实向干部报告，有困难必须靠组织解决。在大讨论总结中提出了战士对干部要主动“报告自己在哪里，报告自己在干什么，报告自己有什么想法，报告自己有什么要求”，“战士要树立依靠组织解决问题”的观念。这样就形成了对应干部对战士要做到“四个知道，一个跟上”，战士对干部要做到“四个报告，一个依靠”。

从此，加强基层思想政治工作的“双四一”在济南军区各部队深入的开展起来，张万年司令员任解放军总参谋长，以及任军委副主席，在加强部队基层思想政治工作的讲话中，多次强调在全军基层开展“双四一”活动的要求。至此，全军很多单位把“双四一”作为落实“基层建设纲要”基层干部的基本功和对战士的基本要求。

真正的“兵演兵”宣传队

67 集团军宣传队成立于 1990 年 3 月，当时的队长是马茂林同志，队员都是从建制连队抽调的文艺骨干组成，不足 20 人，是一只“三无”文艺队伍（无人才、无设备、无经费），一切从零开始，全靠自己打拼的年轻文体团体。成立数月，参加济南军区文艺汇演时，当看到我们的服装、音响和道具时，多数文艺单位笑话我们“土气”，有的甚至说：“你们是调一个连队的演唱组来参加汇演的吧。”

这“三无”演出队的队员们越是在艰苦条件下，越是充满干劲，充满勇气和力量。按连队的纪律要求自己，抓练功，抓创作，树形象，这些在连队摸爬滚打过来的战士在舞台上显现出一股精气神和“军魂”。在 1992 年济南军区文艺会演中，一批脍炙人口的作品开始崭露头角并屡屡获得大奖。

1993 年 7 月，总政治部时任主任于永波带领工作组到集团军考察工作，据说他所到单位都要看一场文艺演出，这也是他下部队检查基层文化工作的内容之一，随同的文化部副部长还专门检查作战部队的文化工作情况。

7 月 16 日晚，在淄博军部礼堂，宣传队为于永波主任作了汇报演出。台上稚嫩的战士弹拨着电吉他，用刚刚兴起的摇滚风从容地唱起孟希瑞自编自演的《钱是个什么东西》：“有的人有钱却醉生梦死，有的人没钱他自强不息；有的人有钱却细水长流，有的人没钱他吹牛皮；手拍胸膛问问自己，钱啊——钱它是什么东西?”于主任高兴地鼓掌叫好，台下战士长时间地鼓掌、呐喊。听了女声独唱《喜欢穿军装的模样》，于主任对坐在身边的军领导讲：这就是当今战士在人民群众中的形象。舞蹈《四季》反映的是战士在训练场上的生活，小品《选阿姨》反应部队干部的家庭生活琐事等。演出结束后，于永波主任主动要求到后台看看战士们，于主任激情讲话中说："今晚看你们这场演出，非常高兴，这是我在部队看最好的一场演出，把我带回到了训练场，带回到部队战士的生活中，你们整台晚会的节目都是自己创作的，你们源于基层，源于生活，运用战士易于接受的形式，在舞台上的精彩表演深受部队欢迎，你们这个节目对于全军正在开展'改革利益观'大讨论是有力的教育，你们创作的反应部队生活的作品，你们的舞台作风等值得军队专业文艺团体学习，你们是真正的'兵演兵'宣传队。"

第二天清早6点半钟，于永波主任的秘书谢建华同志通知我到招待所于主任住处，我按时到达于主任住处，见首长已在客厅看电视等我。于永波主任任总政副主任时，我当军区秘书长，参加全军政治工作会议，那时已经熟悉了。首长见后很热情地问："老张来67集团军多长时间了?"我说："快两年了!"首长说："昨晚看你们宣传队的演出，我很高兴，是我近几年看业余宣传队演出最满意的一场，使我真正看到了部队业余宣传队的生命力所在，看到了部队战士精气神的作风。昨晚我对宣传队的同志讲了几句鼓励的话，回到宾馆听总政机关的同志议论，我又思考了部队业余宣传队怎样才能真正为部队服务，从你们的演出我受到了启发：第一，宣传队员必须真正是当过兵的人，从战士中发现和培养人才。他们有兵的生活，有兵的感情，有兵的作风。有的单位从地方专业队伍中特招的演员，一到部队就搞'高、大、洋'，缺乏部队的生活和感情。第二，演出的作品，必须是自己创作，反映的生活比较真实、可信、可学，《钱是什么东西》这个作品，与当前全军正在开展的干部战士'改革利益观'大讨论很贴近，很能反映干部战士的世界观和奉献精神；第三，舞台作风，必须充分反映部队生活，《四季》这个小品，你没有在训练场上呆过，没有参加过火热的军事训练，是创作不出这个作品，也演不出训练场兵的生活；第四，乐队不能搞贪大求洋。你们的电子小乐队就很朴实，整个舞台也很活泼，价格不贵，部队也用得起养得起，很受战士欢迎。昨晚整场演出部队士气非常高昂。我们看到了部队业余演出队的榜样，看到了真正‘兵演兵’的宣传队。”于主任最后说：“你们有几个节目今后可以参加全军文艺会演，有的还可以上中央电视台春晚节目。”我说：“感谢首长的鼓励，我们宣传队的战士每年要下连队当战士一个月，更好地体验兵的生活，增强兵的感情；创作上还要多深入训练场、多深入基层干部战士生活中，才能多出精品，演出技能还需要进一步提高，不负首长对我们的期望。”

宣传队是军政治部唯一的下属单位，回顾宣传队成立三年来走过的历程，我们有几点感悟：一是要不断加强政治思想教育，使他们始终有为兵服务的观念。时任祁正祥副主任对宣传队要求严格，经常关注他们的党支部建设，政治教育落实情况，干部战士的思想动向，使他们不能成为不受组织约束的主体，不受纪律约束的特殊战士：二是要严格执行部队的三大条例。与军直属连队一样，内务卫生、伙食管理一样评比，军容风纪、环境卫生，一样检查。一次内务卫生检查不合格，我亲自参加他们军人大会，把他们批评一顿，并说下次再不合格，把你们放到596团韩家窝去再锻炼一个月。三是要深入部队生活，才能创作出反映部队生活的精品，才能反映出有血有肉的部队生活。

国防大学的补训

中央军委颁发的《军官服役条例》规定，军、师职干部提升前必须经过相关院校的岗前培训。提升师职干部要经南京政治学院培训，提升军职干部要经国防大学培训。我1991年提升军职干部之前没有经过国防大学培训，因当时部队军职干部调整较多，没有经过培训提升的相当多，因此只能采取提职后再进国防大学补训的办法，1995年3月，组织批准我入国防大学学习一年。

国防大学，位于北京市的北郊红山口附近，与颐和园毗邻，前身是新中国成立初期成立的中国人民解放军军事学院、政治学院于1985年12月24日合并组建的。首任校长是共和国首批授衔将军，1988年又授予上将的老红军张震，政治委员是李德生同志。时任军委主席邓小平题写的校名："中国人民解放军国防大学"。时任中共中央总书记胡耀邦的题词是："造就国防现代化的新型人才"。时任国家主席李先念的题词是："培养更多更好适应国防现代化建设的高级人才"。

这次学习，是我参军后第一次在比较系统、严格、正规的院校培训。六七十年代，我参加过军区、军、师组织的测绘员培训班、学习毛著读书班、学习哲学轮训班；到八九十年代多次参加军区组织的读书班。济南军区理论训练班位置在仲宫，我是"六进宫"学习过。为我树立正确的人生观、世界观，打下了良好的基础，为在工作中不断提高理论素养和提高组织领导能力帮助很大，但像这样离职学习这么长时间还是第一次，也是我在部队工作近50年来唯一的一次。

这年招收的是国防大学基本系第 11 期，分一队、三队，我是安排在基本系一队。学员以副军、正师职为主，有个别的副师职。入学时，本队学员中只有三位少将军衔，一位是总政办公厅副秘书长胥昌忠同志，一位是海军海南航空兵副政治委员张富朝同志。因此，我们三位都是学员队的党支部委员。

本期学习的重点是：学习和把握邓小平建设有中国特色社会主义理论，提高政治理论素养；学习研究现代战争的战役战法，提高指挥现代战争的本领；学习毛泽东军事思想；学习现代高科技知识。教学始终贯彻“一个目标、三个坚持”的指导思想，一个目标即：把培养政治合格人才放在首位；三个坚持即：坚持培养通才；坚持高、新、宽、深的教学内容；坚持自学为主。突出学习研究高技术条件下的局部战争问题。

这次学习，我的愿望是系统学习一下军事理论，因为我提干后一直从事政治工作，政治理论课我的基础好些，也易学易懂些，对军事管理知之不多，知之不深，因此学习中对军事课我非常珍惜，我军新时期的战略方针、高技术条件下的局部战争，登岛战役以及高技术条件下陆上机动战战役理论研究等学习比较系统，军事课考试我都取得优秀成绩。

政治理论学习也比较系统、比较扎实。系统学习了《中共中央关于建立社会主义市场经济制度问题的决定》，对邓小平关于建设有中国特色的社会主义理论、对社会主义初级阶段的认识，建立社会主义市场经济，国有企业改革等学习研究得比较系统深刻，为今后指导部队的理论学习打下了基础。

军队后勤工作是高级指导员必须了解和掌握的，但对我来说是非常新鲜的课题，本期系统学习了军队后勤战役理论，军事交通，战时后方勤务保障等，受益匪浅。

学习期间，我们还多次听取了党中央、国务院有关部门的领导和专家的国际、国内形势报告、高科技知识讲座，对增长知识、开阔视野是难得的，这也是在部队工作岗位时没有学习的机会。

对基本系学员的管理，基本上执行的是部队的三大条例，因为学员都是要求政治上进步的，也都是在各个岗位比较优秀的同志，所以大家都比较自觉遵守规章制度，时而到市区有聚会的应酬，多数同志是到饭堂餐桌上吃几口饭装个样子，然后再外出，晚上按时回校。同学间相互间也很默契，有事时互相使个眼色就知道了。个别人集体活动迟到时，互相袒护一下就过去了。

同学们把在国防大学习总结为三大收获：一是系统学习理论；二是广交新的战友，我们班的十位同学中就来自总政、总后，北京军区、济南军区，海军、空军、二炮，云南边防部队，新疆、西藏军区等十个大单位，毕业后我外出休假就受到兰州空军、云南边防、新疆、西藏同学的接待过；三是锻炼身体。学员学习任务单纯，除正课学习外，课外时间系里安排课间操，教学太极拳、太极剑等，我当时身体有点超胖，早晚时间爬学校后面的百望山，节假日，驻京同学都回家，我们京外的同学组织登山、游泳、打康乐球、下棋等活动。学习一年，我体重减了近10斤，回到部队时感觉精力非常旺盛。

基本系两个队100多名同学中唯一一名女少将，总后医学科学院副院长晁福环同志，和我们在一个班，她曾任天津医学研究所所长，博士生导师，在军队医药研究上很有造诣，贡献很大；性格成稳老练，理论学习很刻苦，尽管在部队工作岗位上的专业和国防大学教学内容差距较大，由于她理论基础好，多数课目考试都取得优良成绩；她为人正直，有时学习中遇见不公平的事，她总想出来评评理，因她年龄在班上是比较大的，同学们都尊称她晁大姐。毕业后，我与老伴休假还到她原工作单位天津所参观过，受到晁福环同志的盛情款待。

军首长的“小灶”

1969年，中苏边境的“珍宝岛”反击战斗打响后，中央军委、国防部下达一号命令：“全军进入一级战备”状态。根中央军委的命令，为准备打仗，总参谋部要求驻沿海的野战军部队，迁往内地；驻城市部队有的进山区，有的进防空洞指挥所。同时，国务院要求，驻沿海的国家大型企业、军工厂迁往内陆省份。当时称“三线”，即沿海的一线城市是准备打仗受损失的；二线城市是能保住正常生活生产的；三线城市是为国家储备战略物资和兵员的。国家成立了“三线”建设指挥部。

67军抗美援朝回国后，军部驻扎在山东省青岛市。根据中央军委、国防部“一号命令”的要求，67军军部从青岛市迁址到淄博市博山区四十亩地。此地是五十年代初淄博市委市政府所在地，淄博市五十年代末迁往现在交通便利的张店区。67军所属的199师从青岛市城阳区迁址到淄博市周村区。当时官兵们戏称：“军部进山、师部入村”。军部距济南市约100公里，距淄博市区约50公里。交通极不便利，生活很不方便，家属上班，子女上学非常困难。军人以服从命令为天职，67军军部在博山区驻扎了20多年。67军不愧为是一支英雄部队，在这艰苦的环境中，营区建设逐年完善，部队战备训练高标准严要求，1985年奉中央军委命令开赴云南、广西执行对越自卫反击战，圆满完成任务。

随着国家改革开放的不断深入，国民经济的稳定发展，为适应国防现代化建设的需要，中央军委对解放军的总体部署作出调整，要求驻山区部队逐步调整到经济发达、交通便利的中小城市。1991年，原驻扎在淄博市区的济南军区后勤第九分部调整到济南市，67军军部从博山区四十亩地调整到淄博市区，驻扎在原后勤第九分部营区。

我1991年12月上任67集团军政治部主任时，军部搬迁基本就绪。原九分部为67军只是倒出一幢办公楼。军部进住后，机关干部都是住集体宿舍，军首长有的住在办公室，有的住在原九分部的临时家属宿舍，有的住在临时的二层公寓房内。军机关面临边组织部队战备训练，边加快营区建设，新建了军首长和机关干部宿舍、机关食堂、门诊部、幼儿园、接待室等急需的生活保障用房。

为便于工作和生活，军首长在营区小平房内修建厨房餐厅，当时机关干部叫“小灶”。回忆我军的历史，领导干部吃“小灶”是从战争年代产生的。为便于平时议事，战时行军打仗，当时要求团以上领导干部要集中聚餐，一是可以保证领导干部的身体健康；二是便于随时可以商议决定一些重大问题；三是便于领导干部在一起生活增进感情和友谊。军队这一传统，多数团以上单位延续到五十年代末。据说，54集团军到现在团、师、军的领导干部还坚持吃“小灶”这一传说。

67集团军首长的“小灶”，是军部搬迁后领导“无家可归”的情况下形成的。我在这“小灶”吃了三年多，深深感到军首长集体就餐的好处：一是我们几个部门的领导可以及时向首长请示报告工作，副职之间可以及时交流工作情况，便于面对面解决问题，便于相互沟通，餐桌上就可以议定一些重要工作，减少会议，提高工作效率。时任军长沈兆吉同志在各级当过主官，事业心责任感很强，经常利用餐前讲评和部署工作。二是一日三餐在一起生活，可以增加领导之间，领导和部属之间的感情和友谊。时任政委杜铁环同志是个很大气的领导，办事干练，言谈和谐，有时很风趣，他经常在餐中讲个“段子”，使大家开心愉快；副军长黄栋甲同志是四川人，大家经常用四川话与他开欢笑，大家都体会到在这班子中工作感情很融洽；家属临时来队，也都一起就餐，真像一个温暖的大家庭；三是有利于领干部身体健康。“小灶”管理员根据首长的生活习惯对食谱做合理搭配，根据首长个人的生活习惯作适当安排，每位就餐人员按标准交纳伙食费，伙食标准并不高，但每餐都很满意。军首长的“小灶”至今还给我留下深刻的印象，还留念那时集体生活中的感情和友谊。

第九章　情系中原

河南是中华民族的发祥地之一，在中华民族五千年的文化历史中，长期占据中心位置。名相、名将、文人、雅士灿若群星。从当代河南人的脚下，也能看得出中原先贤的履痕，开封市一位主要领导曾诙谐地说，在开封大街上行走的人，每十个人当中都会有一名书法家或者画家。在近几年的中国人民解放军行列中，每十名军人中就有一名河南籍军人。河南可称得上人文荟萃，人杰地灵。

我1996年4月任河南省军区政治委员，2000年2月中央组织部批准我为河南省委委员、常委，2004年4月退出河南省委常委，在河南工作整整8个年头。8年来，我团结带领省军区党委一班人，为河南省的国防建设、民兵预备役工作、军政军民关系等尽职尽责，做出了一定的贡献；对河南的经济建设、政治建设、社会稳定起到了重要的推动作用。

1+1大于2的效果

1998年2月，按照济南军区党委的要求和省军区的工作安排，省军区党委常委召开民主生活会。济南军区主要领导带机关的同志指导和帮助我们开好民主生活会。

工作组2月6日到郑州，先在机关找干部个别谈话和召开座谈会，听取机关对我们常委班子和个人的意见。

民主生活会从2月9日开始，会议主要围绕党的十五大报告中提出的“在全党造成认真学习的风气、民主讨论的风气、积极探索的风气、求真务实的风气”四种风气谈学习认识，对照检查党委班子和个人存在的问题和不足，制定加强党委班子建设的措施。

军区首长在与我个人谈话中讲道：通过这几天找常委个人谈话，在机关召开座谈会，对你来河南的工作情况，我听到的反应比军区机关介绍的要好，比我想象的要好。机关反映你是一位很好的党委书记，是一个称职的政治委员。一是政治上敏感，学习贯彻落实上级指示认真；二是班子中民主集中制把握得比较好，注意工作方法，一班人心情舒畅；三是模范表率作用比较好，谦虚谨慎，自身要求严格；四是思想作风正派，实事求是，处事公正，大家反映在班子中工作有安全感。在谈完工作后，首长说，有个事给你打个招呼，根据中组部通知，要求军队推荐一部分优秀的正军职干部，到中央或国家部委任副部级干部。军区常委认为，你在军区机关任过部长、秘书长，在集团军任过政治部主任，省军区任政治委员，有机关和部队的工作经验，在各个岗位上都干得不错，我们推荐你到国家机关工作，这是组织上对你的信任，中组部还要来我区考察，希望你正确对待。我当即表示：“舍不得脱军装，但服从组织安排。”因为是要转业地方工作，谈话之后，我征求了夫人及子女们的意见，征求了省委书记马忠臣同志的意见，最后放弃了组织这一关心。

2月11日，军区首长对我们班子自身建设情况作了讲评：通过这几天的调研、召开座谈会、听取常委同志的谈心，总的认为，河南省军区常委班子进步明显，是个好班子、强班子，是军区党委放心的班子，你们突出的特点：一是政治上很强，与党中央保持一致，议大事、抓大事，执行上级指示认真坚决；二是事业心很强，班子中新老同志都有一股奋力拼搏，积极向上的劲头；三是团结状况相当好，这在几个军级单位中你们是最好的，有的单位两个主官有矛盾，部门之间不协调，机关无从干事。你们的班子很团结，主官像主官，能够形成领导核心；副职像副职，积极支持主官工作，主动做好协调工作；部门领导像部门领导，积极出主意抓落实。两位主官民主作风好，充分发挥副职和部门领导的作用，所有同志都讲道：你们这个班子有凝聚力，在这个班子中工作心情舒畅，有安全感。王英洲同志讲道：班子中互相补台好戏连台，互相拆台共同垮台，这确实是党委班子的经验之谈。四是一班人整体素质不错，形象好，对部队指导有力。因此，从整体上看，你们这个班子形成了 1 +1 大于 2 的效果。这几年你们在生产经营等重大决策上没有失误，你们抓的几个典型，尤其是建立巡回法庭的“汤阴经验”，“选好入伍的、服务好在伍的、安置好退伍的”为部队服务的“三好”经验等在全国、全军都产生重大影响。

1985 年，原武汉军区撤销，河南省军区归属济南军区，那时省军区党委班子不团结，机关风气不正，乱告状现象比较严重。时任济南军区政委迟浩田、纪委书记徐春阳等领导对河南省军区的班子进行过帮抓，对省军区领导班子作了组织调整，在以后几任领导和党委班子的共同努力下，领导班子的团结协调和机关的风气有很大进步。这次军区主要领导对我们党委建设和领导班子的肯定，是鞭策鼓舞，也是寄予厚望。

100 套防化服

2003 年春天，北京阳光明媚，往年这个时候已经开始恣肆的沙尘暴没有降临。专家们预测今年的沙尘可能会少于往年，这让北京人的心里充满期待。可谁也没想到，一种不被人了解的病毒正在悄悄地逼近中华大地。

2003 年 1 月，广东省某地医院发生一起“肺炎”爆发的报告，这种病例相继在广东多地发生。这种极易被集体传染的疾病，后来被世界卫生组织命名为 SARS，中文称“非典”。很快，非典疫情袭击了大半个中国，仅仅两个月，全国 26 个省、市、自治区受到病毒侵袭，北京的状况最为严重。河南是人口大省，也是外出务工人员大省，形势比较严峻。

4 月 18 日，河南省委召开专题常委会，传达党中央、国务院关于防控“非典”的重要指示，研究部署河南省防控“非典”的措施。党中央提出“沉着应对，措施果断，依靠科学，有效防治、加强合作，完善机制”的总体要求，切实打好这场防治战役。李克强书记对贯彻落实中央指示，做好河南省防控“非典”工作提出了具体要求。常委会还明确省委常委分工包干地市，分工责任到人。我分工到平顶山检查督导“非典”的防控工作。从 4 月 23 日至 5 月下旬，按省委的要求，我先后 4 次赴平顶山及所辖县、乡、村检查“非典”的防控问题。

5 月中旬，中央政治局常委、政法委书记罗干同志到河南检查“非典”防治工作，5 月 19 日省委常委召开扩大会议，听取卫生厅长马建中同志预防“非典”情况汇报，学习落实罗干同志的指示。李克强书记在会上强调，毫不放松抓好防控“非典”

工作：一是坚决克服松懈情绪；二是彻底消除薄弱环节；三是全面完善救治机制；四是进一步强化责任意识。4 月中旬，北京市因防控“非典”不力，市长孟学农辞职，4 月 22 日，王岐山任北京市代市长；周口市的沈丘县因防控“非典”不力，经省委研究，撤销县长、书记的职务。全国各地因防控“非典”不力受处分的领导干部有几十例。

5 月中旬，国家卫生部副部长高强同志来河南检查“非典”防控工作，其中他向省委介绍到全国医务人员防治中感染病毒的已发现多例，近期北京市医务人员因使用军队的防化服后，没有再出现感染病毒现象。听完高强同志介绍后的当天晚上十一点半，接省委书记李克强的电话，他向我讲了高强同志介绍北京市医务人员使用防化服的情况，要我协调从军队购买 100 套防化服，用于医务人员在救治病人中使用。接到指示后，我立即将河南省委的要求向时任济南军区装备部部长李洪程同志请示，李部长讲：“防化服是军队装备，他无权处理，动用装备，要请示司令员、政委批准。”已是凌晨了，我怕影响军区首长休息，第二天早晨 7 点多钟，我电话请示了济南军区陈炳德司令员，汇报了河南省委李克强书记的请求。陈司令当即表示：“支援地方抗击非典，军队有义不容辞的责任，但军队装备不能出售，直接交地方使用又不合规矩，可以采取变通的办法，装备部把防化服调拨到河南省军区，省军区以借用的名义支援地方使用。”陈炳德司令真是讲政治的首长，急地方所急，既解决了问题，又提出了解决的具体办法。上班后，我将落实情况向李克强书记汇报，他表示：“感谢解放军，感谢济南军区首长对河南防治非典的关怀和支持，请省军区抓紧落实。”真是打仗的姿态，打仗的速度，第三天，100 套防化服就调拨到河南省军区，当天下午，就将防化服交河南省卫生厅，省军区预备役防化团同时派出 2 名教员，就防化服的使用和管理对河南省有关医务人员进行了培训。至此，河南省医务人员在这场防治非典的重大战役中，无一例医务人员感染病毒，这在全国各省市中是少有的。卫生厅厅长马建中找到我说：感谢解放军对我们河南防治“非典”工作的支持。农村的防控主要靠民兵组织，他们纪律性强，执行规定非常严格，河南农村防控的形势很好；医务人员防治解放军又为我们解决了难题，真是亲人解放军啊！

6月上旬，李克强书记在省直机关抗击非典的总结讲话中特别讲道：在农村抗击“非典”中，全省民兵在宣传防治非典知识、守卫村庄路口、防护外来人员方面发挥了重要作用；解放军支持的100套防化服，对医务人员的零感染起到了决定性的作用，全省抗击“非典”取得的重大胜利，驻豫解放军、武警部队官兵，民兵预备役人员发挥了重要的作用。

陪同张震副主席

中央军委原副主席张震上将离开工作岗位后，于2001年4月11日至25日到河南参观考察工作。首长说自己已离开军队工作，此行以休闲为主，不听取军队和地方的工作汇报，不干扰军队和地方的工作。由夫人马阿姨，儿子张晓阳等陪同，不住在部队、不到部队视察。因此，由河南省委接待。因夫人马阿姨家是洛阳宜阳县的，此行主要以洛阳为主，省委委托洛阳负责接待。在时任洛阳市委书记孙善武、市长刘典立同志精心安排下，首长及随从住宿安排在洛阳大酒店。因前几天我参加济南军区的重要会议，从14日我受省委书记陈奎元同志委托，代表军队和省委全程陪同张震副主席在洛阳和其他地方的活动。陪同期间，有几件事印象深刻。

一、年长一岁一杯酒

陪同期间，我亲眼印证了年近九旬的首长身体健壮，性格豪爽，平易近人。张震副主席在全军和全国享有崇高威望，其在战争年代、和平时期都有一些传奇的故事，所以我们住在酒店，基本上每天都有老部下、驻军首长、省市领导前来看望，凡有来者都要安排在酒店一起吃顿便饭。他身边工作人员介绍，首长身体好，与其坚持每天喝二三两白酒有关，他随带有 70 度的酒头，早晚各喝一杯（约一两）。首长平易近人，联系群众，每次吃饭都怕下级不好意思喝酒，所以形成了谁给他敬酒，比他小几岁就多喝几杯的传说。

河南省委李柏拴秘书长在洛阳当过书记，与张副主席久有来往，前去看望首长是情理之中的。4 月 18 日，因柏拴秘书长感冒刚好，医生讲不能喝酒，他又了解首长的性格，一餐下来，李秘书长只是引导与首长讲话，不讲敬酒的话题，有时别人敬酒，他只是低头用餐。吃饭快结束时，张副主席风趣地说："柏拴秘书长，我看出你身体不适，不能喝酒，你来看我同样是有深厚的感情啊！"

4 月 23 日，首长一行从洛阳到漯河看了南街村后离开河南去湖南，济南军区时任陈炳德司令、李良辉副司令、河南省委王全书副书记等前往漯河送行。漯河市委、市政府、军分区组织了欢送宴会，时任市委书记刘炳旺同志讲了一番欢迎词后举起酒杯向张副主席敬酒，首长说："刘书记的欢送词讲得很有感情，这小酒杯没有表示出感情和友谊，今天济南军区首长在，省委领导在，你应该用大杯表示欢迎啊！"说着就亲自拿了个有半斤量的杯倒满酒送给刘炳旺书记，刘书记推脱僵持约有 10 多分钟没有进行下去。这时济南军区李良辉副司令员端起大杯说：济南军区先敬首长吧，与首长碰杯后一口干掉，这时才打开了敬酒的僵局。漯河市委吴长忠副书记按着代表市委、市政府向首长敬了一大杯酒。随后，这个大杯子就是向首长敬酒的标准了。首长风趣地说："我和你们每人一小杯加起来也是一大杯酒啊"！

二、早餐一个鸡蛋

传说中，从战争年代至现在只要有条件的，每天早上要保证首长吃一个白水煮鸡蛋，这是张副主席身体健康的主要原因之一。

陪同十几天，我亲眼目睹了随行人员安排的菜单，以清淡少油为主，每天早餐一个白水煮鸡蛋，一个西红柿。一天早晨，他把鸡蛋白吃了，把蛋黄埋在蛋壳下面，马阿姨发现当即说："我揭发你，你把蛋黄埋在蛋壳下面，不吃浪费了。"首长笑着说："我们家的阶级斗争也很厉害啊！我接受批评。"当即把蛋黄吃了。

首长任军委副主席，亲自体会鸡蛋对人身健康营养的作用，指示总后勤部在制订基层伙食标准时，要保证战士每天吃一个鸡蛋。这是军委副主席对基层干部战士身体健康的关心，也是提高部队战斗力的生活保障。

三、外院有院长吗

张晓阳当时是解放军洛阳外国语学院院长，他与我商量：首长说不看部队，请首长到外院看看吧。我俩共同向首长汇报此要求，他欣然同意。15 日上午看完营区后，中午在外院就餐，席间外院领导都分头向首长敬酒表示敬意，首长很幽默地讲："你们外院没有院长吗？怎么没看院长来敬酒啊！"顿时鼓掌要求张晓阳院长敬酒，这时张院长很内疚地到首长面前。首长讲："你们政委敬酒是喝两碗，既然院长来敬酒也要喝两碗啊！"这时张晓阳像执行"命令"一样，喝下他有生以来第一次一口喝下的两碗酒。当时我们想，首长对部队要求严格，对儿子也一视同仁地要求啊！

在陪同首长十多天的参观学习，每到一处，我首先向首长介绍当地的历史文化，地方领导的主要情况，每餐用酒我也像地方领导一样，用大杯给首长敬酒，首长风趣地说："建中同志对地方情况很熟，酒量也可以啊！"离开洛阳前，张震副主席题赠我一幅字："不识庐山真面目，只缘身在此山中"。

在漯河期间，在市领导陪同下参观了南街村，临别前，我写了一首"随首长学习有感"的诗词，事隔两年后，我又请河南省书协副主席李强同志将诗词书写呈送首长。

儒将八十又七春，莅临九朝古都城。
王铎故里观书法，嵩山书院颂贤臣。
朝霞观赏牡丹园，嘱托国花冠头名。
龙门石窟赞国宝，白马少林论古今。
二里头显夏商史，缑山脚下称唐僧。
驱车中原第一村，前辈情感格外深。
健行再现长者范，无愧军中老将军。

二〇〇一年四月二十五日

香港回归祖国的启示

1997 年 7 月 1 日，香港回到了祖国的怀抱，结束了它与祖国 100 多年分隔的历史，证实了一个强大的中华人民共和国屹立于世界的东方。从香港的历史和回归祖国的艰难历程中，可以得到以下几点启示：

启示一：落后就要挨打，软弱就会受欺，是人类社会的一条重要法则。简单回顾一下历史：19 世纪初，西方国家依靠工业革命的成果，已进入发达的资本主义阶段，而在中国因清朝政府的闭关锁国，腐败无能，造成了社会经济的严重落后，国防极度空虚。因此，当世界头号资本主义国家英国依仗船坚炮利，把侵略魔爪伸向中国时，清政府只能一败涂地。1842 年第一次鸦片战争中，在清兵于长江入海口连失几城，屡吃败仗后，清政府即毫无斗志，匆匆派员签订了丧权辱国的《南京条约》，导致了香港岛沦陷和巨额白银的流失；1860 年，英国发动第二次鸦片战争，清政府被迫再度割让了九龙岛；1894 年，中日甲午战争清军失利，世界列强掀起了瓜分中国的狂潮，英国趁机再次强占了“新界”。至此，英国占领了整个香港地区，使中华民族蒙受了巨大耻辱。此后，1941 年太平洋战争，日本战败了驻港英军，占领了香港，对香港进行了疯狂的物资掠夺和血腥屠杀。1945 年日本战败投降后，当时作为中国战区最高统帅的蒋介石完全有理由、有可能收回香港，但他却未把民族利益放在第一位，只是为了不得罪英美，就拱手把香港又送给英国人。100 多年来，香港的一幕幕屈辱历史无不告诉我们：“落后就要挨打”，“软弱就要受欺”！一个闭关自守、腐败落后的国家是不能保持独立自主和领土完整的。

启示二：结束屈辱的历史要靠自身的强大，没有中国共产党的领导，就没有香港的今天。香港是中国神圣领土不可分离的部分，100 多年来，中国人民为了抵抗外敌、收复失地，进行了不屈不挠的斗争，经历了艰难的历程。1841 年 2 月关天培率领 400 多名官兵与英军在虎门苦战，壮烈牺牲；1842 年陈化成率军与英军战斗，在吴淞炮台流尽最后一滴血；1841 年 5 月，三元里人民自发组织起来的抗英斗争，打垮了英军的锐气，大长了中国人的威风，成为近代史上劳动人民抗击外来侵略的先声。1898 年，当英国侵略者占领新界时，当地人民先后与英军进行了十数次大规模的战斗，表现了中国人民反抗外来侵略的顽强斗争精神。在香港被英军占领后，反殖民统治的斗争仍然不断，其中重要的有 1925 年 6 月的香港工人大罢工等等。这些斗争虽然英雄悲壮，但因当时的中国处于国弱民散、政府昏庸的状态，人民抗敌盼归的愿望只能一次次化为泡影。

中国共产党成立后，为了挽救民族危亡，领导中国人民进行了长达 28 年的反帝反封建斗争，最终推翻了三座大山，走上了富民强国之路，为香港回到祖国怀抱奠定了坚实的基础。80 年代初中英开始香港问题谈判以来，英国当局为企图继续对香港实行殖民地统治，而对谈判设置了重重障碍。但今非昔比，尽管英国人要尽花招，也未能阻挡得了中国收回香港的历史脚步。从香港回归的漫长历程，我们足可以看出，没有中国共产党领导的新中国的兴旺发达，没有改革开放后国家综合国力的增强和国际地位的空前提高，香港问题就不可能像现在这样得以圆满解决。正如邓小平同志所说：“香港问题为什么能够谈成呢？并不是我们参加谈判的人有特殊本领，主要是我们这个国家这几年发展起来了，是个兴旺发达的国家，有力量的国家，而且是个值得信任的国家。”历史事实和领袖的教诲又在告诉我们另一条可贵的经验：“结束屈辱的历史要靠自身的强大”。

启示三：邓小平“一国两制”理论是实现祖国和平统一的伟大构想，遵循这一方针，必将走向胜利。邓小平同志建设有中国特色社会主义的理论已成为指导中国进行社会主义现代化建设的强大理论武器，“一国两制”方针就是邓小平特色理论的一个重要组成部分。党的十一届三中全会以后，我国的国内形势和国际环境发生了重大变化。党中央提出了实现社会主义现代化、实现祖国统一及反对霸权主义、维护世界和平三大任务。如何跨越历史造成的障碍，圆满解决台湾、香港、澳门问题，用和平的办法实现祖国统一，是摆在共产党人面前的重大历史课题。70 年代末 80 年代初，世纪伟人邓小平，以政治家、战略家的恢宏气度和超凡智慧，高瞻远瞩，审时度势，创造性地提出了“一个国家，两种制度”的伟大战略构想。具体讲，就是在中华人民共和国国内，十亿人口的大陆实行社会主义制度，香港、澳门实行资本主义制度。“一国两制”的伟大构想是建立在对历史和现实科学分析的基础上的。由于历史原因，祖国大陆坚持的是社会主义制度，台湾、香港和澳门实行的是资本主义制度，这是所有中华儿女都必须正视的现实。在这种情况下，实现祖国统一只能有两种方式：一种是和平方式，一种非和平方式。如果诉诸武力，势必造成流血和破坏。实行“一个国家，两种制度”，就能化干戈为玉帛，使分离的骨肉重新团聚，促进祖国大陆与台湾、香港、澳门共同繁荣发展。“一国两制”的伟大构想，既体现了坚持祖国统一、维护国家主权的原则性，又体现了照顾历史实际和现实可能的灵活性。不仅为解决台湾、香港、澳门问题指明了方向，而且为用和平手段解决国际争端提供了新的思路和方式。随着“一国两制”伟大构想首先在香港变成现实，我们有理由相信，这一方针在海内外都会更加深入人心，并日益显示出强大的生命力。同样，我们还应该坚信，按照“一国两制”实现对澳门、台湾的统一，也将是为时不远的事情了。

启示四：基本法是保持香港持续繁荣稳定的根本法典，在此法律保障下，香港的明天会更好。1997 年 7 月 1 日实施的《中华人民共和国香港特别行政区基本法》，是当代中国政治生活中一部具有重要历史意义的法律，更是一部保持香港回归之后持续繁荣稳定的根本法典。通过对基本法的学习，我们可以看出，《香港基本法》是根据“一国两制”构想，结合香港实际而制定的特殊方针政策。基本法的条文实质上是将中英联合声明的精神，特别是中国政府对港 12 条基本方针政策具体化了。从内容看，基本法通篇体现了“一个国家，两种制度”“港人治港”“高度自治”的方针。例如，在总则和有关中央与香港特别行政区关系条文规定，在保证国家主权和中国内地实行社会主义的前提下，保持香港原有的资本主义制度和生活方式 50 年不变，中央人民政府只是保留国防、外交以及法律规定的其他权力，凡是可以下放香港特别行政区的权力，都尽量下放，使香港获得前所未有的高度自治权。从基本法解释权来看，按照中国宪法，法律、包括基本法的解释权属于全国人民代表大会及其常委会。但为了使香港特别行政区拥有完整、独立的司法权，人大常委会授权香港特别行政区法院，在审理案件时可自行解释基本法关于香港自治范围内的条款。总之，基本法按照“一国两制”方针，对香港的未来事务从政治、经济、法律、文化、对外交往等各个方面作出了相应规定，从而为维护香港的长期繁荣稳定提供了可靠的法律保障。香港回归祖国后，将庄严地行使基本法所赋予的高度自治权，广大香港同胞在自己的土地上成为主人，会更加充分展示他们的勤劳和智慧。用香港人充满信心的一句话来说就是：“香港的明天会更好！”

豫中“明珠”南街村

南街村，位于河南省漯河市临颍县城关镇，地处城关镇的南侧，史称“南街村”。20 世纪 50 年代中期，农村实行人民公社集体合作化道路时，是一个生产队。

20 世纪 80 年代中期，人民公社制度撤销后，家庭联产承包责任制发挥巨大的效力。1984 年，南街村在党支部书记王宏斌的领导下，选择了重走集体化经济的道路，通过回收农民耕地，开设村办企业，南街村有了较快发展，1989 年，南街村集体经济产值达到了 2100 万元。

1990 年至 1992 年，是中国迷茫的三年。打什么旗，走什么路，成为当时最活跃的政治议题。在这背景下，南街村成立了“南街村集团”，对外闯市场卖产品，对内狠抓政治教育，“大力学习毛泽东思想”的南街村成了官方扶持的典型，当时媒体开始大力宣传。先后有 30 多位党和国家领导人，200 多位省部级和将军前来视察。金融部门大量贷款开始向南街村倾斜。

以毛泽东思想为旗帜，并获得巨额贷款的南街村迅速融入了改革开放的浪潮。彼时，南街村集团已下辖有 20 多个企业，其中 5 个是中外合资企业，1991 年，南街村摘取河南省首个“亿元村”称号，并树立起汉白玉的毛主席雕像。

在南街村，村民完全依附于集体经济，如果不在集体经济内劳动，就丧失一切收入和福利待遇。

在南街村，王宏斌同志是领导核心，除了任南街村党委书记，南街村集团董事长外，王宏斌于 1992 年开始担任临颍县委副书记，这三个职务一直就任至今。

1996 年，我调任河南省军区工作后，机关给我介绍了河南省这个先进典型，下半年，我即专程到南街村作考察调研。村党委书记王宏斌同志汇报了南街村的发展历史。至今我印象深刻的是：南街村靠玩“泥蛋”（砖瓦厂）起家，靠集体致富，靠毛泽东思想育人，靠制度管人，靠共同富裕凝聚人心，靠干部带头团结群众，实行“外圆内方”的改革开放政策。我当时强调，毛泽东思想和邓小平理论是一脉相承的，南街村要实现又好又快的稳定发展，就要坚持实事求是的思想路线，坚持党的改革开放政策，坚持走共同富裕的道路。我对南街村探索农村走共同富裕的道路是赞成和支持的。为了使这个典型能健康快速的发展，之后我又先后五次到南街村考察调研，与他们共同研究村里党的建设、文化建设、传统教育、民兵组织建设、社会稳定等。

30 多年来，南街村坚持用毛泽东思想育人，以雷锋精神鼓舞人，以革命歌曲激励人，提出了建设共产主义小社区的奋斗目标，强化了职工村民的集体主义精神，营造了浓厚的昂扬向上的集体主义氛围。

全村党员干部，职工村民月薪 250 元，他们戏称发扬“二百五”的“傻子”精神。坚持“外圆内方”的治村方略，人人敬业爱岗，乐于奉献。南街村的党务、村政、企管、教育、民兵、治安、工会、共青团、妇联、计划生育等各项工作，均受到了党中央和省市、县领导的高度称赞。南街村获得了“全国先进基层党组织”“全国模范村民委员会”“全国文明村”“中国十大名村”“国家级生态村”“全国优秀乡镇企业”等殊荣。

在中原大地，在改革开放的大潮中，南街村能够不断发展壮大，他们做到四个坚持。

一、坚持平均主义

南街村“共产主义的要素”的核心是独特的平均主义的经济体制。村民免费享受粮食、肉、油等配给。住宅、教育、医疗、办红白喜事也一概不收费。如果村民上大学，学费也由村里负担。村民享受的福利费用每年每人平均6700元。村里有26家村办企业，但是村里不允许办个人的商店及私营企业，也不允许从事卡拉OK等营业。这是因为，上述的营业被认为不利于贯彻集体主义。“和谐社会”的最大障碍是不平等，财富集中到少数特权及富裕阶层手中，农民等弱势群体不能充分享受改革开放的成果。南街村的做法，它尝试开辟了一条确保村民很快过上“小康生活”的道路。

二、坚持集体主义

结婚仪式按南街村的规矩，由村里举行“集体婚礼”，婚礼每年元旦都举行。村里送给新人的纪念品是《毛泽东选集》。国庆六十五周年时，为38对青年举办了集体婚礼。村里的青年登记后每人都能分到一套房子。集体婚礼是南街村集体主义的一个象征。村党委书记王宏斌说：举行集体婚礼的目的是杜绝浪费，培养新人的集体主义观念。虽然不强制参加集体婚礼，至今还没有新郎、新娘拒绝参加集体婚礼。在集体主义的倡导下，参加集体婚礼似乎事实上已经成了村民的“义务”。

南街村集体主义的另一个象征是搞军事训练。村里有约850人的民兵队伍，其中多数是非南街村出身而在南街村的企业中工作的人。通过军训，向村民等灌输集体主义思想。长期在南街村工作，并做出较大贡献的非南街村出身者，村里给予他们“名誉村民”资格。得到这个资格的人可享受与本村村民一样的待遇。因此申请当“名誉村民”的人非常多。南街村团委书记吕小虎认为，南街村的模式是理论和实践相一致的发展模式，这正是有中国特色的社会主义。

三、坚持严格规章

据国家有关资料显示，中国还有7000多万人没有达到温饱水平，而另一方面，富者更富，贫富差距拉大。正因为如此，村民过着平等而稳定生活的南街村的现状值得关注。但是，南街村的体制是在严格的规章制度基础上建立起来的。南街村有可称为“村民宪法”的规章制度，分思想、工作、生活三方面，共有23条，违反者将受到处罚。进而，村里还有定期从思想、纪律、卫生等十个方面检查各家庭执行规章制度情况的制度。根据检查结果，只要有一个方面不合格，部分福利就得自费。

福利是村民生活的基础，村民都心甘情愿地服从村当局及各项规定。

南街村用非同一般的做法，保证了所有人都能过上较高水平的生活。从这点可以看出实现了“和谐社会”的目标。

四、坚持解放思想

旅游景区：南街村景区是国家旅游局首批命名的全国农业旅游示范点，国家4A级景区，河南省著名红色旅游景点之一。通过近几年的发展，南街村旅游以发展模式、教育理念、发展方针、分配办法、生活方式及创建共产主义小社区伟大实践为特色，全面展示南街村独特的红色人文景观。自二十世纪八十年代开始，南街村坚持用毛泽东思想教育人，坚持走集体共同富裕道路，经过二十年的不懈奋斗，成为享誉国内外的全国文明村、中国十大名村、第一雷锋村等。

二十多年来，南街村以其独特的发展模式和辉煌的成就，吸引了众多游人前来参观，先后有30多位国家领导人和200多位省部级及将军到南街村视察，每年接待海内外游客50余万人次。对于南街村两个文明建设取得的显著成绩，人们纷纷给予高度评价和赞扬。近年来，南街村大力进行景区建设，充分挖掘文化内涵，着力打造特色品牌，使南街村景区形成了以文化园区、工业园区、高新农业园区、村民住宅游览区、文化教育游览区、广场文化展示区、珍奇植物园区和革命传统教育区八大观光内容的大型红色旅游景区。

南街村工业园区：南街村人万众一心，坚定不移地走集体共同富裕的道路，使南街村经济得到迅猛发展，相继建起了方便面食品公司、食品饮料公司、调味品公司、面粉厂、啤酒厂、包装厂、麦恩鲜湿面公司、胶印公司、彩印公司、制药厂等26个企业，其中合资企业5家，拥有员工11000多名。产品主要有方便面、鲜湿面、巧克力棒（果）、调味料、饮料、啤酒、白酒等，畅销全国，并出口俄罗斯、蒙古、加拿大、美国等国家。

高新农业园区：南街村投资1500万元兴建的无公害蔬菜园区，占地135亩，拥有2100平方米的组培室一个，WJK108型PC板温棚4座、EM210型双层充气膜温棚17座，其建筑设计和配置均采用最新科技和材料，是目前世界上最先进的日光温室、无土栽培、水培、滴灌、生物技术的综合运用。所种果蔬皆引进航空育种和法国、以色列、荷兰、北京等地高、新、特、稀、优类品种。公司严格按照A级无公害蔬菜标准进行生产，荣获省技术监督局颁发的“河南无公害蔬菜标准化示范基地”认证书；被河南省无公害农产品产地认定委员会授予“河南省无公害农产品生产基地”；获河南省彩色马蹄莲、组培苗工厂化生产技术研究项目省级科技成果鉴定；被命名为“河南农业大学教学学习基地”。同时也向人们展示了今后中国农业发展的广阔前景。

居民住宅游览区：南街村共建起了22幢现代化居民楼，可容纳800多户村民居住。村民每家每户的家具、电器、灶具等都是村里统一配备，村民所用的水、电、汽、面、蛋、肉、鱼等几十种生活用品都由村里统一分配。在这里，游客可以进入居民家庭，近距离与村民接触。游客可以通过自己的观察，全面了解南街村民的家庭生活，还可以通过对村民家庭的实地考察，引发对中国“三农”问题的深入思考，作出理性的判断和选择。

在居民区，南街村投资300多万元建起的幸福长廊，形如“二龙戏珠”，直达文化教育区。既有实用价值，又有观赏价值。分上下两层，巍巍壮观。2003年起，南街村又在邻村买下几十亩地，建设南街新村。

文化教育游览区：南街村党委重视教育事业，投资数千万元建起了造型新颖别致、内部设施堪称一流的南街村幼儿园、南街村小学、南街村中学。在这里，人们可以感受南街村大力发展教育事业的宽广胸襟和战略眼光，可以感受南街村以德育人、强化素质教育、培养又红又专建设人才的浓厚氛围。

广场文化展示区：南街村投资100万元，在村中心建起了东方红广场，占地近万平方米。广场上，毛泽东汉白玉雕像和马、恩、列、斯巨幅画像高高矗立，40面红旗迎风飘扬，汉白玉毛主席雕像前24小时有民兵站岗值勤，这里成了南街村人和外地游客进行社会主义思想和共产主义理想教育的好场所。每年“五四”“七一”南街村都要在这里举行隆重的新党员入党宣誓、老党员重温誓词仪式和新团员入团宣誓仪式，接受毛泽东思想的再教育；还有不少外地的新党员在这里举行入党宣誓仪式……

在朝阳门广场上，矗立着雄伟的“朝阳门”城楼，城楼上有孙中山的画像，刻有“天下为公，世界大同”的字句。夜晚，彩灯的光华，使朝阳门广场显得更加雄伟壮观。

热带珍奇植物游览区：荟萃珍树奇花，尽赏佳景无限。南街村热带珍奇植物园投资770万元，内有500多种树种、上万株植物。有百花迎宾园、椰子园、热带雨林园、百果园、青竹园、沙漠植物园、农家园等。每个园区各具特色，风采迥异，让您一睹珍奇植物的秀美风韵和壮观景色。同时您还可以在设施优雅的游泳池内劈波浪斩浪，忘却烦忧，尽情挥洒人生乐趣。

革命历史传统教育园区：新建的革命传统教育景区，浓缩了中国革命的重大历史事件，让人足不出园便可领略中国革命波澜壮阔的宏伟画卷，被省旅游局确定为河南省南部红色精品线路。

进入这个园区，可以在游览之中接受中国革命传统教育，陶冶情操、净化灵魂、振奋精神、坚定信念。这里有毛泽东故居、毛泽东求学之路、黄洋界、遵义会议会址、延安宝塔、枣园窑洞、西柏坡等仿建景观，更有规模宏大、气势磅礴的毛泽东选集"四卷楼"。仿建的延安宝塔，在这里可以追寻伟人足迹，感受战火纷飞的战争年代，让人们的心灵得到陶冶，思想得到净化，这里是接受中国革命历史传统教育的好去处。仿建的遵义会址。到南街村旅游，广大游客在亲身感受"游乡村都市，品南街产品，观红色文化，感集体优越"丰富内涵的同时，还会收到洗礼心灵、升华感情、陶冶情操的效果。

"武"常委

2001年秋季，我与河南省委常委、宣传部部长林炎志同志同在中央党校省部级班学习，有一天午餐在食堂闲聊时，林部长突然问我说："张政委，我向你请教个问题，你们部队领导干部参加地方常委干什么？"我顿时觉得一个省级领导干部问这个问题很奇妙，但冷静地回答说：“从党对军队绝对领导来讲，省军区是省委的军事工作部，省委书记是省军区党委的第一书记；从国防动员体制上讲，省军区是省政府的兵役机关，省长是省国防动员委员会主任。”林部长谦虚地说，你给我讲了一堂国防知识课啊！

林炎志同志是中央组织部原副部长林枫同志之子，是知识型的领导干部，过去没在地方任过职，来河南之前是国家语言文学研究委员会副部级干部，没有在党政机关工作过，在和平时期，缺少这方面知识的领导干部不止他一个，他这种不耻下问的精神是值得称赞的。

我是2000年2月，经中央组织部批准为河南省委常委。我参加的第一次省委常委会上，时任省委书记陈奎元同志讲：“我参加工作后先在内蒙古，后到西藏，一直在边疆工作。边疆稳定一直是党中央关注的重大问题，也是所在党委政府的重要工作之一，解放军、武警部队和驻内蒙古、西藏军区起到决定作用。因此，我与军队的领导同志联系很多、感情很深，建中同志参加省委工作，对协调驻豫解放军、武警部队参与地方经济建设，将会起到很重要的作用。”

我在调查研究和亲身工作中体会到，军队领导参加所在的地方党委常委，至少可以发挥这样五个作用：一是落实党对军队绝对领导的宗旨，正确实施党管武装的作用；二是在军民融合式发展中，协调驻军支援地方经济建设的主导作用；三是在地方抢险救灾中参与指挥和协调驻军、武警官兵，组织民兵的领导作用；四是双拥共建和解决军民纠纷中起到桥梁纽带作用；五是战时的交通战备，组织民兵预备人员参战，协调军队和地方的保障作用。

1998年以来，我们报请省委同意，每年表彰10名党管武装的优秀市、县委书记；市委书记每年在省军区党委扩大会议上述职；乡（镇）党委换届时，我要求省委发文时，把武装部领导列入本级党委定编名额之内，2000年换届时，我们机关检查有十几个乡镇没有落实武装部长进党委班子，我们逐个市做工作并限期落实。

2001年，省委决定组织20000名省、市、县级机关干部用三年时间帮扶村级党支部，省军区带头响应积极支持省委的决策，从省军区、军分区、武装部抽调近200名干部驻村，实施定点帮扶，济南军区通过调研给予充分肯定。河南省委的这一做法，对推动基层政权建设，发展农村经济，搞好社会稳定，起到积极推动作用，人民日报头版做了宣传报道。

“要想有地位，必须有作为”。多年来，省委、省政府对驻军、武警部队也非常关心照顾。经过协调，省政府列出专项资金，解决了162师营区进出道路和部队取暖问题，时任师政委高建国同志任沈阳军区副政委后，还经常讲到河南为拥军办实事；妥善解决了省武警机关营区搬迁和武警128师干部战士的生活补助问题等。

2000年省军区党委决定并报省委省政府同意，决定筹建河南省国防教育基地，各地市、各省管大企业和民营企业主动捐资，不到三个月即筹集了2000万元。河南省国防教育基地落成，象征着河南省双拥共建和国防观念的重要成果。

每年转业干部安置，省、市委都多次与省军区、军分区领导协商、听取意见，近几年河南省的军转干部安置满意率都在90%以上。全国政协副主席卢展工同志在河南任省委书记时讲过：军队转业干部应该不叫转业，叫转岗，因军队和地方都是党的干部，他们只是因职业变化转换工作岗位而已；地方接收转业干部不叫安置，应该是从军队岗位交流到地方任职，“安置”有可安可不安的问题，交流就一定要接收安排好；每年军队都有一批干部到地方工作，不是包袱是财富，军队干部经过多年严格训练，政治素质过硬，作风严谨，他们充实到地方是一批难得的人才。卢展工书记这番带着深厚感情拥军的话题传遍了济南战区，干部战士都深受教育和鼓舞。河南籍在外地服役的军人听了卢展工书记的讲话，也都感到家乡党委政府对待军人很关心，很温暖。

我在河南省军区任政委 8 年时间，先后有李长春书记、马忠臣书记、陈奎元书记、李克强书记任省军区党委第一书记，他们对省军区党委的领导非常得力，对河南省驻军、武警部队，对河南省的国防教育都很重视，很关心支持，河南驻军及武警部队干部战士也怀着深厚感情“热爱河南、宣传河南，建设河南、增辉河南”，中原这片双拥的热土形成了融合式发展的大好局面。

见证漯河抗洪抢险

漯河市，位于河南省中南部，曾是“内陆经济特区”，是中国首个“食品名城”。漯河市位于伏牛山麓平原与淮北平原交错地带，总地形西高东低，境内有大小河流 81 条，均属淮河水系，主要河流有沙河、澧河、颍河等，其中沙、澧河横贯全境。

2000 年夏季，沙澧河洪水来得早、强度大、次数多。主要表现三个特点：一是暴雨洪水连续发。从 6 月 24 日到 7 月 15 日不到一个月的时间，沙澧河连续发了四次大洪水，其中 7 月 4 日发生过一次 20 年一遇的特大洪水突袭。致使泥河洼滞洪区连续 7 次分洪，滞洪总量近 3．5 亿立方米；二是洪水水位严重超标。沙澧河四次洪水均超过保证量，相当于 50 年一遇的标准，导致澧河堤防普遍漫溢，多处决口；三是由于沿河城市跨河建筑增多，部分生产围堤造成水壅，致使超高水位猛涨。

2000 年 7 月 15 日早 7 点 30 分，我接到作战值班室汛情报告："漯河市沙澧河发生特大洪灾，舞阳县境内澧河水位暴涨，堤坝发生大面积决口，武警官兵和民兵凌晨护堤，被洪水围困。"7 点 50 分，我赶到作战值班室，简要听取汛情汇报，从图上查看了澧河决口的位置，感到洪水来势凶猛，汛情重大。因当时司令员在中央党校学习，我和秘书李卫东立即赶到河南省防汛指挥部，当时省政府王明义副省长、省军区于怀谋副司令等防指领导正在听取汛情汇报，研究封堵决口的具体措施。当时我意识到，这样大的汛情，不亲临现场很难准确地作出抗洪决策。

上午 9 时许，我带司令部装备处李建伟处长驱车赶往漯河澧河决口处，途中不时接到省防指和作战室的汛情报告。当我们驱车赶到漯河市区时，洪水淹没了我们越野车的轮胎。根据汛情，我当即给济南军区时任司令员陈炳德打电话，简要汇报了漯河的特大汛情，请求派部队来漯河市沙澧河抗洪抢险。陈司令员亲历了"98"长江抗洪抢险，深知汛情的危急，当即表示："我马上要作战部派就近的驻许昌 58 旅赶赴沙澧河抗洪一线，由省军区统一指挥。"同日，陈炳德司令、张文台政委下达指示："驻豫部队要全力以赴投入抗洪抢险，需要多少部队就出多少部队，需要什么装备就出什么装备，确保人民生命财产的安全。"

中午 12 点左右，在漯河军分区政委李随国同志陪同下，我们赶到了澧河潘齐庄决口处查看险情。刚一下车，一位女同志急促地找到我，自报家门说："你是张政委吧，我是漯河市民政局局长徐惠玲，今日凌晨赶赴大堤抢险的武警官兵和民兵至现在滴水未沾，市里准备的方便面、矿泉水等因洪水太大太急无法送上大堤，市防办现有的冲锋舟无人驾驶，请求部队支援。"当时，我是现场军队的最高指挥官，我当即下令从抗洪部队中派出 10 名冲锋舟手，由徐局长统一指挥，把民政局的食品送上大堤。徐局长感激地说："关键时刻还是靠亲人解放军的支援啊。"直至下午三点多钟，被围困大堤上的武警官兵和民兵才吃上"早餐"。

在离大堤决口处不远的高地上，市委书记刘炳旺同志汇报说："这是百年一遇的特大洪水，澧河防洪形势全线危机，洪水严重威胁着京广铁路大动脉，107 国道的畅通和漯河市区及下游百万人民生命财产的安全。目前受困的 40 多万群众在屋顶上、在树上、在湍急的洪水中焦急地等待着救援。"我们目睹凶猛的洪水从 100 多米宽的决口处像脱缰的野马翻滚而来，亲眼见到五六十公分粗的梧桐树、白杨树被洪水连根拔起冲走的场面，省防指学习 98 年长江抗洪的经验，下令"严防死守，不惜一切代价封堵决口"。在这危难关头，我对市和军分区的领导讲："我们要亲临大堤决口处察看水情，再行封堵决策。"当即，我要求市武警派出冲锋舟，我和刘炳旺、李随国及市有关同志等八人，乘冲锋舟冲破激流险滩，驶向决口的大堤处。途中，冲锋舟发动机被洪水中的杂草堵塞熄火，我命令冲舟手"沉着排险、保证安全"。冲锋舟在急流中旋转五六分钟后排除故障驶向前进。

在急流中我们看见树梢上，草垛上有高喊救命的声音，因冲锋舟最大只能载 10 人，我下令直达大堤目的地。到达大堤后派武警一中尉参谋带冲锋舟返回激流中救人。后来得知，当时从树上、草垛上共救出 7 人。

站在决口处的大堤上，我们听了凌晨赶到决口处抢险的武警干部的汇报，亲自试验了装满石头的汽车放下去像泥旦一样被洪水冲走的急流。在现场的我们几位领导商议决定：鉴于上游水势凶猛，且预告有更大洪锋到来，泄洪区群众已转移，即报省防指，暂不能封堵决口，否则会造成更大的人员伤亡和财产损失。待洪峰过后，洪水流量降低，再实施封堵决口的措施。下午 3 点多钟，副省长陈全国同志现场察看汛情后称赞说："你们的决策是正确的，减少了不必要的人员伤亡和财产损失。"

从早晨到现在我们也是滴水未进啊，返回市区的路上，我突然想起早晨老伴给我们车上放的饼干和矿泉水，我们几位临时充饥。到达市区后，刘炳旺书记从一小餐馆买的"肉夹馍"，我吃起来真香啊！刘书记风趣地说："这才叫同甘苦，共患难。"

15 日晚 8 时许，脱缰的特大洪峰已过，上游暴雨已停，洪水流量减弱，根据汛情，潘齐庄决口大堤堵口战斗正式打响。在封堵决口现场，20 多面英雄连队的旗帜迎风招展，"昔日长江抗洪雄狮美名扬，今朝舞阳抢险劲旅风采展"的巨大横幅扯在大树上，让人感受到一种威武不屈的豪气，一曲气贯长虹的壮歌在澧河岸边回响。经过 3000 多名官兵和民兵 68 个小时的奋力抢险，澧河舞阳段潘齐庄决口大堤合拢。几天来，广大军民克服天气炎热、取土困难、工地狭窄作业不便，发挥连续作战的作风，全力以赴封堵决口。唱响了"没有一个人民的军队，就没有人民的一切"的赞歌。

9 月中旬，省委的一次常委会，听取了省水利厅、民政厅抗洪救灾的情况汇报，省委书记马忠臣同志讲到：今年我省淮河流域遭受特大洪涝灾害，在全省军民的共同努力下，取得抗洪抢险的重大胜利。漯河市遭遇 50 年一遇的特大洪灾，由于指挥得当，决策正确，在封堵沙澧河决口中无一人伤亡，这是难能可贵的，省防总要认真总结他们的经验，使全省防汛措施更加完善。

倾注河南国防教育

1996 年，我从作战部队调河南省军区工作，通过几年工作和调研，感到省军区作为省委、省政府的军事机关，肩负着河南省全民国防教育的职责，对全省的国防教育负有领导责任。

河南地处中原，是历代兵家必争之地。宋代诗人陆游曾有“中原干戈古亦闻”的诗句。河南是革命老区，在长期的革命战争时期，老区人民为新中国的建立作出了重要贡献。新中国成立后，河南历届领导对国防教育是重视的，不断挖掘开发国防教育的资源，拓宽国防教育的渠道，丰富国防教育的内容，推广全民国防教育的普及和发展，这对于弘扬爱国主义精神、培养社会主义核心价值观发挥了不可替代的重要作用。

国防教育作为强化国防观念、增强忧患意识、提高全民素质的基本教育，对任何一个国家和民族来说都是非常重要、不可或缺的。特别是当前形势下，国内外安全形势的综合性、复杂性、多变性趋势不断增强，以美国为首的西方敌对势力加紧对我国实施西化分化战略，影响我国周边安全的不稳定、不确定因素明显增多；暴力恐怖主义、极端宗教组织、民族分裂势力的分裂破坏活动猖獗，捍卫国家主权、安全和领土完整的任务十分艰巨。随着我国改革开放的不断深入，社会思潮空前活跃，各种思想文化相互激荡，意识形态领域的安全不容忽视；非传统安全威胁呈上升趋势，保持社会和谐稳定的压力增大，迫切需要从战略和全局的高度加强全民国防教育，强化广大干部群众的国家安全意识和忧患意识，增强我国的国防实力和民族凝聚力。

基于这种思考，在对全省国防教育调查研究的基础上，我思考逐步将《河南省国防教育基地》《河南国防教育丛书》、河南电视台的国防教育专题栏目《中原国防》建立和完善起来。

一、筹建河南省国防教育基地

为展示河南省武装斗争历史，为省直机关、驻郑部队、院校、企事业单位和社会群体提供一个开展国防教育的场所，经省委省政府批准，省军区第十次党代会决定，筹建“河南省国防教育基地”。这在省军区历史上是一项巨大的工程，我自告奋勇担任筹建领导小组组长，主要负责资料收集和资金筹措，这两项任务都是需要各级大力支持和社会广泛参与的。

河南是中华文明的主要发祥地，历史文化厚重，并有着光荣的人民武装斗争历史和支前拥军光荣传统。新中国成立后，河南省的国防教育和双拥工作一直走在全国各省市的前列。在河南这片爱国拥军的热土上资金筹集非常顺利。郑州是河南省经济发达的市，信阳市是欠发达的市，我先动员这两个市带头出资 30 万—50 万，其他城市就好办了，在各级政府的带动下，省内大中企业，拥军优属的先进单位纷纷捐款捐物，不到三个月的时间，建设河南省国防教育基地预算经费 2000 万元资金和部分物资到位。

基地坐落在省军区机关办公大院北侧，2000 年 3 月动工，2002 年 1 月建成开馆，建筑面积 4860 平方米，时任军委副主席张万年题写馆名“河南省国防教育基地”，并赞扬称：河南是中原腹地，河南人民为新中国的建立作出了重大贡献，河南享有拥军优属的光荣传统，应该有一个展示和教育的平台，你们做了一件光照千秋的大事。军委原副主席张震题写了《中原铸丰碑》画册名。

基地主体共分四层，一楼为多功能国防教育厅，面积 480 平方米，有现代化主体演示和国防教育；二、三层为国防教育展览厅，展览面积 1300 平方米；四层为自动化指挥中心。

国防教育展览厅是基地的核心部分，以国防教育为主体，以河南武装斗争史为主线，共展出照片图表 1100 余幅，实物 480 余件，民兵武器 36 件，现代兵器模型 38 件。

展厅布展按照时序和内容分为 10 个部分：前厅主要介绍了以毛泽东同志在抗日战争时期提出的“兵民是胜利之本”为主题创作的一组大型浮雕，在内容上浓缩了河南军民革命斗争和民兵预备役发展的光辉历程；《历史沿革》：主要展示的是 1949 年 3 月河南军区成立以后所辖单位的历史沿革、历任军政主官、部门以上领导名录、历届党代会等内容；《燎原星火》：所展示的是 1923—1937 年我党在河南地区领导的革命斗争，分为工人运动、农民起义、根据地斗争三部分；《浴血奋战》：主要介绍了 1937—1945 年河南地方武装和人民群众，配合八路军、新四军，同全国人民一道取得抗日战争伟大胜利；《中原逐鹿》：主要介绍了 1945—1949 年河南民兵和人民群众积极参战、支前，配合人民解放军逐鹿中原、决战淮海，为全国解放和人民政权建立做出的重要贡献；《秣马厉兵》：主要介绍了 1949—1978 年广大民兵积极参加大型工程建设、抢险救灾，完成急难险重任务，为河南经济发展和社会稳定做出了重要贡献；《继往开来》：主要介绍了河南各级人武部门和广大民兵自觉服从服务于国家经济建设的大局，为河南物质文明和精神文明建设作出了新的贡献；《中州英模》：主要展示的是 20 世纪在中国革命风雨历程中，为国捐躯的河南籍儿女的杰出代表，以及被授予荣誉称号的单位和河南籍官兵；《将星闪烁》：主要展示的是在中国共产党领导下，中国人民解放军和武警部队一代一代河南籍的将军和在河南省军区工作过的将军风采；《世纪兵戈》：主要展示的是中外诸军兵种的武器模型和图片等。基地是融革命传统教育、国防知识学习、兵器展览为一体综合性教育场所，全免费为社会开放。

开馆以来，基地先后接待了军委、总部、济南军区、河南省各级领导，其他大军区，河南籍回乡探亲的官兵和社会各界参观约 20 多万人次，中央电视台、河南电视台，中央和河南各大媒体多次进行宣传报道，收到了良好的社会效益。2008 年被中共河南省委评为“河南省干部教育培训现场教学基地”。

二、编纂《河南国防教育丛书》

国防教育内涵深重，内容丰富，涉及的部门也比较多，如何把这些深重的内涵、丰富的内容、各个部门的责任集中起来，把党中央、国务院、中央军委、各大军区、省市有关国防教育的政策、指示、要求集中起来，形成系统的教育提纲，任务艰巨，这也是我 2004 年退出领导岗位后一直在思考的一项重要任务。经过近两三年的思考、酝酿，我向省军区党委提出，我担任主编《丛书》的任务，经过省军区党委研究并报河南省委、省政府，2008 年 10 月 30 日，豫国动（2008）7 号文件批准，成立了《河南国防教育丛书》编纂委员会，时任省委副书记陈全国同志任编委会主任，省军区司令、政委、省政府联系军队工作的副省长、省军区副政委、政治部主任任副主任，省委组织部、宣传部、省民政厅、人防办、教育厅、财政厅等厅局的领导为编委会委员，我担任副主任兼主编，省军区副政委、政治部副主任为副主编，国防教育办公室主任许宏军为执行主编。受领任务后，我组织了赵世信、葛合元、杨中路、秦文庭等地方和军队退出领导岗位的七名老同志和所在单位的工作人员组成编写组，这些老同志以高度的政治责任心，不计名利，勤奋工作，经过近三年的努力，“丛书”形成了八卷 200 万字的初稿，经认真讨论修改后送解放军军事科学院审稿，最后由总政宣传部把关定稿，《河南籍将军》卷，考虑到资料的准确性和对外保密等因素，总政宣传部没有批准出版，因此，本《丛书》对外发行是七卷。

胡锦涛总书记在建党90周年讲话中强调指出："要深化全民国防教育，加强国防动员和后备力量建设，巩固和发展军政军民团结。"《丛书》的编纂坚持以毛泽东思想、邓小平理论为指导，以宣传普及国防知识、增强全民国防观念为主线，突出时代特色和地域特点，通俗易懂、简洁生动。

《丛书》七卷间互无相关联系，都是根据内容单独成册，但首卷是《国防法规导读》，国防法规是维护国防利益，进行国防建设，开展国防活动，从事国防行为的基本遵循。我国现行的国防法规体系是国家法律体系中的一个子系统，是国防法律规范之间互相联系，互相协助的统一体，按立法权分为四个层次：第一个层次是法律，由全国人民代表大会及其常务委员会制订。第二个层次是法规，由国务院和中央军委制订。第三个层次是规章，由军委各总部，各军兵种、各大军区制订。第四个层次是地方性法规，由省、自治区、直辖市人民代表大会及其常务委员会制订。

《导读》：共编入法规文件41件。为便于学习，在每篇法规文件的前面，撰写了学习该篇法规的导读，重点阐释该法规产生的背景、基本特征和主要内容，以期成为集资料性、通用性、可读性为一体的大众读物。

《河南武装斗争简史》：《丛书》把河南武装斗争的历史列入其中一卷，这对中原人民了解革命历史，发扬光荣传统、增强国防观念和荣誉感有着十分重要的现实意义。但河南近现代武装斗争历史长达100多年，斗争内容十分丰富，若比较详细地反映出来，那将是一部鸿篇巨制。本书主要以我国新民主主义革命时期，中国共产党领导下的河南人民武装斗争为内容，以1919年的“五四”运动为起点，截止到1949年10月新中国成立。按照斗争内容的不同，划分了大革命时期、土地革命时期、抗日战争时期和解放战争时期等四个阶段。即组织声势浩大的工农革命运动，参与和支援北伐战争，开展轰轰烈烈的土地革命，进行艰苦卓绝的抗日战争和解放战争，最后赢得了新中国的建立。河南人民武装斗争的辉煌历程，为中华民族的进步事业和解放事业立下了丰功伟绩，不仅是河南人民的骄傲，也是中华民族的骄傲。

《国防知识读本》：国防知识内容非常丰富，包括国防经济、国防科技、国防体制、国防动员、国防法规、国家武装力量建设，国家领土、领海、领空和海洋权益等方面的知识。考虑到《丛书》内容的整体布局，为避免与其他分册交叉重复，本册主要设置了国防概述，国防和军队指导理论、国防领导体制、国家武装力量、兵役制度、人民军队建设和发展、国防经济与国防科技、军事高技术、信息化战争和国防教育十个章节，对全体公民所要了解的国防知识较为系统地阐述，力求做到阐明观点，表述准确、通俗易懂，努力做到理论性、思想性、知识性和可读性的统一。

《国防动员知识读本》：国防动员是世界各国极为重要和不可或缺的系统工程，具有普遍规律和共同特点。本册遵循向广大干部群众普及国防动员知识的宗旨，着眼于国防动员的普遍规律和实战发展，按照“平时服务、急时应急、战时应战”的基本功能要求，对国防动员的历史发展和地位作用、国防动员的能力、潜力和基础，国防动员的要求、供给和均衡，国防动员的计划、预案和演练，国防动员的体制和教育，以及世界主要国家和河南省的国防动员建设等基本情况，分章作出论述和介绍，力求系统性，知识性和思想相统一。

《河南双拥》：河南是驻军大省、兵员大省和优抚工作大省，有着优良的双拥传统。在省委、省政府、省军区的正确领导下，河南双拥工作蓬勃发展，人民群众“视军队如长城，把军人当亲人”，广大驻军“视人民如父母，把驻地当故乡”。全省军民在全面建设小康社会的实践中通力协作，在实现中原崛起和推进军事斗争准备中紧密配合，在战胜严重自然灾害的斗争中风雨同舟，在维护社会和谐稳定和民族团结中同心同德，共同创造了富有河南特色和时代特征的新鲜经验，双拥工作呈现出生机勃勃的良好发展势头。本册除系统介绍双拥工作理论、体制、各个时期拥军支前工作，优抚和军人安置工作外，系统总结介绍了河南近年来创新和发展有特色的双拥工作，系统介绍了在全国有重大影响的常香玉、赵趁妮、徐洪刚、编外雷锋团等双拥典型个人和单位，在双拥历史上铭记着这些英雄们对河南双拥作出的重大贡献。

《河南人民防空》：人民防空是国防的重要组成部分，是国民经济和社会发展的重要方面，是现代城市建设的重要内容，是利国利民的社会公益事业，是遏制战争和夺取防空袭胜利的重要手段。在保障国家生存与发展、保护人民生命财产安全和保存战争潜力等方面，发挥着重要作用。新中国成立后，河南省人民防空事业已经取得了巨大的战备效益、社会效益和经济效益。为巩固国防、维护国家安全、保卫社会主义经济建设、增强综合国力做出了积极贡献。本册包括四大部分：第一部分简要介绍人民防空性质、任务、基本方针、原则、发展和基本理论；第二部分详细阐述了人民防空的基本内容；第三部分明确人民防空战时和平时的基本要求；第四部分简要介绍河南人民防空的融合式发展。

《河南国防教育基地》：国防教育基地是具备国防教育功能，经省、自治区、直辖市人民政府命名的国防教育场所，是开展全民国防教育的重要阵地。依托国防教育基地开展全民国防教育，是新形势下普及国防知识、增强群众观念、陶冶公民爱国情操的重要形式和有效载体。

河南是中华文明的主要发祥地，历史文化厚重，有着丰富的革命斗争遗址、英模人物纪念地和纪念馆等历史文化资源。充分利用这些宝贵的资源开发国防教育，对于拓宽国防教育渠道，丰富教育内容，推动全民国防教育普及和发展，具有十分重要意义和得天独厚的便利条件。多年来，河南省政府坚持把抓好国防教育基地建设作为促进全民国防教育的基础工程，高度重视国防教育资源的挖掘、整合、保护工作，2001 年以来先后 3 次评选命名了 80 个国防教育基地。全省 80 个国防教育基地中，既有缅怀纪念的纪念馆、纪念地、烈士陵园、革命和历史遗址，也有用于观摩学习的博物馆、科技馆、文化馆和部队荣誉（军史）馆，还有用于开展军事训练的基地和少年军校等。在这些基地的建设、命名、管理过程中，各级深入贯彻国家《国防教育基地命名管理办法》，紧扣国防教育主题，弘扬爱国主义主旋律，广泛开展形式多样、丰富多彩的教育活动，在传播国防知识，弘扬爱国主义精神、培养社会主义核心价值观体系中发挥了不可替代的重要作用。

本册收录的 80 个国防教育基地，按照河南省的行政区域进行划分，以图文并茂的形式介绍每个基地的特点和概况，并在河南省地图上标示位置，力求让读者对河南省国防教育基地有一个系统直观地了解，希望能够为广大群众阅读研究、资料收藏、参观旅游起到一定的引导、帮助、参考作用。

三、开办《中原国防》栏目

中央电视台在七频道专门开辟了军事栏目，全面系统地向世人介绍中国人民解放军各部队的战备、训练、管理情况，介绍军队武器装备的发展，展示军威、展示强军目标，展示军民融合式发展的强大力量。

河南作为人口大省、驻军大省、兵员大省，亦应积极适应信息技术快速发展的新形势，运用现代传媒，不断创新国防教育的方法手段，使国防教育更加富有时代气息，增强国防教育的辐射面和感染力。基于这一认识，我们从 2003 年开始与河南省委宣传部、河南电视台协调，开设“中原国防”电视栏目。

河南是一片拥军的热土，河南新闻单位是一个拥军的群体，经过多年的协调沟通，在河南电视台的大力支持下，2009 年 3 月在河南电视台法制频道开办了《中原国防》电视栏目，该栏目主要设置有驻豫部队一周新闻信息、国防专题深度报道、军民融合式发的互动平台等，展示河南驻军、武警部队、院校的重大军事活动，展示河南国防建设的成就，开展社会国防教育等。为各级领导机关，社会各界人士学习国防知识，关心支持国防建设起到很大的推动作用。此栏目开办以来、收视率逐步提高。

老促会 10 年

“文化大革命”结束后，大批被打倒的老干部平反出来工作。同时，培养提拔中青年干部，也成为刻不容缓的战略任务。

邓小平敏锐地认识到，顺利完成新老交替是从组织上保证改革开放政策的连续性和国家长治久安的重大战略措施。因此，需要采取一个过渡的办法来解决这个日益突出的矛盾。而这个过渡的办法，就是设立中央顾问委员会。

1980 年 9 月 10 日，邓小平、李先念、陈云等老同志率先垂范，在五届全国人大三次会议上辞去国务院副总理职务。

1982 年 9 月 1 日，中国共产党第十二次全国代表大会审议通过了《中国共产党章程（修改草案）》，正式宣布在中央和省级设立顾问委员会。9 月 13 日，中顾委召开第一次全体会议，选举邓小平为顾问委员会主任。1992 年 10 月，在党的十四大召开之际，中顾委全体委员从关心党的前途出发，认为党的领导干部新老交替已基本完成，建立领导干部退休制度时机已经成熟，建议撤销中顾委。

时任中顾委常务委员的杨成武上将等几位老将军认为，中顾委成立十年间，协助党中央为维护党的团结和社会稳定，实现领导干部的新老交替，推动改革开放和现代化建设做了大量卓有成效的工作，战争年代的革命老区也得到了很多关怀和支持，但目前这些老区的自然环境，生产和生活条件仍然改变不大，中央需要有一个专门机构关心革命老区人民的生活和经济社会发展。因此，几位老将军报请中央领导同意，主动发起成立了中国革命老区建设促进会，选举国防科工委原主任裴丽生上将为第一任会长，为革命老区的建设和发展继续作出贡献。

河南省革命老区建设促进会，就是根据中央的要求，在撤销原河南省顾问委员会的基础上产生的。省老促会第一届理事会选举纪涵星为会长，胡悌云等为副会长，会长、副会长多为退出领导岗位的省级老同志。因中国老促会多为退出领导岗位的老将军组成，为便于协调工作，省老促会第一届理事会选举河南省军区原政治委员吴光贤同志为副会长。2005 年换届时，因身体原因，吴光贤同志不再担任副会长。省委组织部提名我担任副会长，找我谈话时，我当时提出：第一，我不是河南人，对河南省情不熟悉；第二，我的子女多在济南，退休后我不在郑州安家，不宜承担此项工作，最好推荐其他更合适的人选。组织部同志讲：你在河南工作八年，对河南地方的经济发展和社会稳定作出了重要贡献；河南的老区建设和发展还需要你们老同志继续发挥余热。按省委组织部的安排，老促会第三届理事会选举我担任副会长。河南省委原常务副省长胡悌云为会长，选举刘广祥等九位同志为副会长。

革命老区，是中国共产党在土地革命战争时期建立的农村革命根据地和抗日战争时期建立的抗击日本帝国主义侵略的根据地。它们是中国共产党及其武装力量赖以生存、发展和胜利进行革命战争的基地。它们为新中国的建立和建设作出了巨大牺牲和贡献。

河南地处中原，战略地位重要，革命根据地较多。土地革命战争时期的农村革命根据地，涉及河南省地域的有鄂豫皖、鄂豫陕革命根据地和鄂豫皖、鄂豫边游击根据地，绝大部分建立在国民党及地方反动势力统治薄弱的行政区划边沿及山区、交通不便、经济发展落后的地区；抗日战争时期的抗日根据地，涉及河南地域的有晋冀豫、晋豫边、冀鲁豫、豫皖苏、鄂豫边河南抗日根据地，主要建立在阻挡日寇扩大侵略和便于袭击敌占区交通干线的敌后统治薄弱地区。

根据国家民政部、财政部下发通知中规定划定革命老区的标准，河南省经过多年调查认定，全省 18 个省辖市都有革命老区；有革命老区的县 118 个，占全省县（市、区）总数的 74.2%；革命老区乡镇 1232 个，占全省乡镇总数的 66%；革命老区行政村 29941 个，占全省行政村总数的 63%；老区乡村现有人口 5565 万，占全省总人口的 56%；革命老区土地面积 10. 4 万平方公里，占全省土地面积的 61%。从以上可以看出，河南省革命老区与全国其他省市相比较，涉及的面积大、人口多、地域经济条件差，扶贫难度大。

河南省革命老区在党中央、国务院和河南省委、省政府的领导关心下，在社会各界的支持下，发扬老区精神，经过几十年来的艰苦奋斗，经济社会有很大发展，人民群众的生活水平有很大提高。但与全省和全国相比，革命老区的社会经济发展仍面临着很多自身难以克服的困难，扶贫开发任务仍十分艰巨。

面对河南革命老区的现状，省老促会认为，革命老区和老区人民为民族独立解放、新中国诞生付出了巨大牺牲，为中国革命胜利立下了不朽功勋。加快老区建设步伐，让老区人民更好地共享改革发展成果，不仅是经济问题、社会问题，也是政治问题。因此，他们虽然都是年过花甲的老同志，但工作精力不减，积极扶持革命老区人民脱贫的革命责任心很强。省老促会成立 20 多年来，在省委、省政府的领导下，积极发挥咨询、参谋、助手作用，一是通过调查研究，提出发展建议，促进老区加快发展；二是通过奔走呼吁，尽力为老区发展解决难题、办实事。

2005 年以来，省老促会主要围绕党的十六大提出的全面建设小康社会的“三步走”战略目标，致力于老区开始脱贫致富，由温饱走向全面建设小康社会的历程开展工作。通过调查研究，每年向省委汇报一次老区经济发展的基本情况，提出促进老区发展的建议，使全省上下形成“没有老区的小康就没有全面小康”的共识，使各级摆上位置，制定规划，有责任有措施；通过调查研究，总结经验，推广典型，努力争取从措施上把加大扶持力度，政策倾斜的要求落到实处；通过调查研究，提出建议，省委、省政府制定出台了豫发（2007）27 号文件，省委省政府划拨出专项资金，有力地推动了搬迁扶贫、产业扶贫、科技扶贫、新农村建设等建议的落实。

2011 年省老促会五届理事会以来，主要围绕党的十八大提出“确保到 2020 年实现全面建成小康社会宏伟目标”，通过调查研究，摸清老区县（市）、老区乡镇、老区村中的贫困村如期建成全面小康的底数；弄清老区、特别是较为贫困的县乡村产业发展、农民稳定增加收入等的难点和出路，从而为全面建成小康社会科学决策，给省委、省政府当好参谋和助手，出好主意并督促在老区抓好落实。

老区建设促进会是为老区服务的社团组织，无职无权无钱，在工作上主要是发挥促进作用，在“促”字上下工夫，在“进”字上见成效。10 多年来，老促会工作体会较深的有以下几个方面：

一是要抓住促进生产方式转变这个根本。生产方式的转变是促进经济社会发展的关键，既有现实紧迫性，更事关老区的长远发展。河南老区大多数是农区，通过转变传统生产方式，开拓新的产业领域，进一步促进农业发展和农村产业升级，促进和带动相关产业的发展，加快农民增收致富步伐，是推动老区经济社会发展的根本措施。

二是要抓住促进党的政策落实这个关键。政策是推动老区发展的重要动力保证。党中央、国务院和省委省政府多年来出台了一系列关心支持老区发展的政策，但在实际操作中没有很好兑现，重要原因是缺乏具体表述，没有细化，不好操作。省老促会在调研中致力于政策的细化工作，提出落实政策的措施建议，真正使好的政策“落地生根”，推动老区的建设和发展。

三是要抓住促进光荣传统传承这个优势。促进老区群众传承革命精神，自力更生，艰苦创业，是老区加快发展的根本。省老促会把坚持“三个不忘”（不忘革命烈士、不忘革命前辈、不忘老区人民）、传承老区精神，作为各级老促会的主要工作内容之一，使老区人民能够缅怀先烈，牢记历史，教育后人，不忘初心，继续前进。

四是要抓住促进社会各界支持老区这个环境。老区全面建成小康社会，主要靠老区群众自己，但社会各界帮扶也很必要。定期组织各级新闻媒体到老区专题采访，宣传老区的历史贡献和发展变化，形成关心支持老区的舆论氛围。老促会尽力牵线搭桥，组织有实力、有资源、有条件、对老区有感情的企业到老区投资兴业、“结队”融合，创新帮扶机制，变传统帮扶为互利共赢、融合发展。再是组织对口帮扶。中国机械科学研究院定点帮扶新县智能制造产业园项目，一期竣工投产，年产值5亿元，年创利税6000万元以上。该项目既探索了院企帮扶的新模式，又开启了新县产业升级的新起点，同时为更多的贫困家庭提供了就业机会。

10年来，在胡悌云会长和省老促会的领导下，我遵守老促会章程，服从老促会领导，按老促会分工，先后带队到新乡、焦作、南阳、安阳、濮阳、信阳、驻马店、商丘、漯河、济源等地市调查研究并写出有质量的调研报告，得到了省委省政府领导的肯定，有些建议已列入老区扶贫开发和全面建成小康社会的省委、省政府的决策文件之中。

在老促会工作期间，我还利用省军区、军分区、武装部军队工作的优势，组织民兵预备役人员带头脱贫、积极参与支持扶贫，组织民兵参与重大扶贫项目的开发，得到了当地政府的充分肯定。十多年来，我本着共产党员永远没有退休的理念，为促进老区全面建成小康社会贡献余热，为使老区建设和老区人民能和全国人民一道建成全面小康而作出应有的贡献。

在老促会工作这10年，我是深受老区人民革命精神教育的10年，“没有共产党就没有新中国”，这个道理大家都接受，“没有革命老区人民的无私奉献，同样不会有新中国”这个道理，我是在屡次深入老区调研中才深有感受的。信阳市的新县

“家家有红军，户户有烈士”，是新县革命老区的真实写照，新县原有十万多人，抗日战争胜利后全县只剩下 4 万多人，当时有知识有文化的参加革命了，壮年男人上战场了，留在家中的妇女、老人也在为支持革命战争作出保障。这些感人的事例，在革命老区乡、村到处都可以听到。这也激励我们老同志为老区人民作贡献的感情，更激励我们替老区人民说实话、报实情，真心为老区解难题、办实事。

未来五年，脱贫已成为举国上下一场必须要打赢的攻坚战。“精准”更成为脱贫之举成败的关键。习近平总书记强调：“要把扶贫攻坚抓紧抓准抓到位，坚持精准扶贫，倒排工期，算好明细账，决不让一个少数民族、一个地区掉队。”当中国经济总量已跃居世界第二，可人均收入还排在世界第 80 位左右，国内仍然有 7000 多万贫困人民连吃喝等基本生活都成问题。在我国富裕的地方还有着食不果腹的贫困，这无疑反映了我国经济秩序的整体失手，社会阶层之间的流动性不是很高。

未来五年，老促会围绕习近平总书记提出的“精准扶贫”的要求，任务更加艰巨，但我坚信，有党中央的英明决策，有举国上下的共同努力，革命老区的建设和发展大有希望，到 2020 年，老区人民一定会与全国人民一道实现全面小康社会的奋斗目标。

第 11 个奖杯

我在部队工作 40 多年，当战士时两次被评为“五好战士”，1963 年天津抗洪时，本应该立功的我，因老班长年底要退伍，我把这个立功名额让给班长了。提升干部后，因多数时间处在年轻干部行列，之后在主要领导岗位时间较多，因此，多年来没有立过功受过奖。退休后，我应邀参加了河南省中原高尔夫长青（60 岁以上老同志）球队。我性格特点是："要干就干好，要学就学精"。因此，在球队中我练习比较刻苦，球技提高较快，从 2007 年开始，我参加的多次高尔夫球比赛中，先后获得 11 块奖杯。最精彩的是 2012 年 12 月 25 日，在海口观澜湖高尔夫球俱乐部第 8 号场第 11 洞取得了一杆进洞的最佳成绩，终生难忘。

高尔夫球赛获奖简表

时间	地点	奖项
2008 年 6 月	郑州	河南省第二届"姿华杯"老年高尔夫球联谊赛，三等奖
2008 年 10 月	郑州	河南省"兴亚杯"老年高尔夫球邀请赛，三等奖
2008 年 12 月	厦门	第四届全球华人老将军高尔夫球联谊赛，陆军代表队第二名
2009 年 6 月	西安	第一届皖、豫、陕三省高尔夫球联谊赛，长杆第二名
2009 年 9 月	黄山	第二届陕、豫、皖三省高尔夫球联谊赛，净杆冠军
2010 年 7 月	郑州	加拿大华人企业家协会（中国行）第五届高尔夫球赛，最佳小鸟奖
2010 年 10 月	郑州	河南电视台中秋客户高尔夫球联谊赛老年组，净杆亚军
2010 年 11 月	郑州	中原高尔夫俱乐部老年组差点赛，净杆第二名
2011 年 5 月	郑州	河南"广汇杯"高尔夫球邀请赛老年组，净杆冠军
2011 年 10 月	厦门	两岸老将军高尔夫球友谊赛，三等奖
2012 年 12 月	海口	河南省高尔夫球协会长青队，一杆进洞奖

关于高尔夫球的起源，流传最广的说法是：古时的一位英国苏格兰牧人在放羊时，偶然用一根棍子将一颗圆石子击入野兔子洞，从中得到启发，发明了高尔夫球运动。

高尔夫（GOLF）原意为“在绿地和新鲜空气中的美好生活”。其英文单词：“G”代表绿色，“O”代表氧气，“L”代表阳光，“F”代表步履。它是一种把享受大自然乐趣，体育锻炼和游戏集于一身的运动。

打高尔夫球是集力量、协调和爆发力于一体的运动，需要动用全身的肌肉和关节，特别是腰部、肩部和双臂等部位来完成整个挥杆动作，能充分锻炼身体的柔韧性。打一场高尔夫球需要3—4个小时，需要运动者保持高度的注意力和极大的耐心，并且动作节奏要连贯一致。除了需要上肢的力量外，高尔夫球的18个洞走下来有将近7000米的距离，相当于室内跑步健身的7—8公里。但属于有氧运动的高尔夫球更具有天然氧吧的优势。

高尔夫球传入中国是在1916年，次年上海虹桥高尔夫总会开始投入运营，当时只是建一个9洞的球场。1984年，新中国第一家高尔夫球场在广东中山温泉高尔夫球会开业。1992年，中国有了第一个由华人自己设计的球场——广州从化温泉高尔夫球场。此后，中国高尔夫才开始逐步形成产业化。据有关资料显示：现在，中国打高尔夫人口约有3000多万。

2009年10月9日，国际奥委会在丹麦首都哥本哈根投票决定，高尔夫和7人制橄榄球成为2016年巴西里约热内卢奥运会和2020年奥运会的正式比赛项目。这也是高尔夫在1904年奥运会后，时隔百年重返奥运大家庭。

据有关资料披露，在过去的20多年来，有超过600座高尔夫球场在中国大地迅速冒出，多年来，以每年20%的速度在增长。现在，打高尔夫球成了众多财富阶层及企业交流的平台，既是一种运动，也是个人身份和地位的象征。

许多成功商人、企业家都将高尔夫球视为极佳的商业沟通平台，把过去那种传统的酒场交流带到球场交流，这也象征着一种健康的商业模式的转变。通用电气（GE）原 CEO 杰克·韦尔奇是一个十足的球迷，他曾说过："做 GE 的 CEO 是我一生中最大的乐事。如果还有一次选择的机会，我宁愿去当一名专业的高尔夫球员。我喜欢在打球的过程中了解对方，他的性格、做事方式都可以在打球中体现。"

"做生意和打高尔夫球一样，要冷静。"长江实业集团董事局主席李嘉诚也表达了类似的观点，第一杆即使打得不好，如果可以保持冷静，有计划，并不表明这个洞就会输。这同做人、做事、做生意一样，有高低潮，身处逆境时要考虑如何来应对。

我 1998 年患有糖尿病，2004 年退出省军区领导岗位后，次年，朋友王宪堂同志从北京为我带回一套高尔夫球杆，当时球场在哪里，球怎么打一无所知。在河南省体育局李罡处长和省政协范钦臣主席等老同志督促和带领下，下了球场。经过近半年的练习产生了感情，且身体状况有很大变化，只要头天打场球，第二天空腹血糖基本正常，这也增强了我练习高尔夫球的信心和决心。正如有人比喻说：打高尔夫球如同绿色鸦片，只要你迷上了，这辈子不会再分开。

2006 年下半年，我刚下场时打 9 个洞就感到身体疲劳，坚持不了。通过这几年的锻炼，现在一次打 18 个洞是轻松的事，有时一天打 36 个洞还不觉得疲劳。我现在的活动量每天都在 15000—20000 步左右，血糖在正常用药的情况下始终保持在标准值范围以内。

我参加打球有四个组织：一是中原高尔夫球常青队；二是中国将军高尔夫球队；三是 12 省市高尔夫球友谊赛；四是豫陕皖

3省高尔夫联谊活动。省内有些民营企业，为了宣传和展示他们的品牌也时而组织的联谊活动。比较有影响的是先后三次参加海峡两岸老将军高尔夫球友谊赛，为祖国的统一起到了积极的推动作用。

近年来，上级把高尔夫球场列为高档娱乐活动场所，要求公车不准私用。我作为老同志自觉执行组织的要求，打球的次数、活动的场所有所限制，从2015年起，我对自己约法三章：一是不参加任何形式的高尔夫球比赛；二是不参加以打高尔夫球为主的任何商业活动；三是不参加组队去外省打球。只是时而把打球作为锻炼身体的一个项目，到球场活动活动就行了。

典型的力量

河南是人口大省、驻军大省、兵员大省，省军区下辖23个师级单位，180多个团级单位，有普通在册登记民兵800多万，基干民兵200多万。在河南省军区工作过的领导，有不少离开时都遗憾地说："我在河南工作七八年，还有一二十个县级人武装还没去过"。面对这种庞大的机构和摸不着看不见的民兵队伍，如何加强领导及时指导工作，是省军区党委机关需要研究的问题，多年来，我们一直坚持一是抓党委班子建设，使团级以上党委都有独立自主解决问题的能力；二是抓典型，弘扬正能量，使各级学有样板。这几年，我亲自调研总结的典型有十几个，有些在济南军区、全军乃至全国都产生重大影响。

一、邓州"编外雷锋团"

1960年8月，河南省邓州籍的560名青年，入伍来到沈阳军区工程兵10团，与同年入伍的雷锋在一个团当兵，这批战友大多和雷锋有过亲密接触，有的和雷锋在一个连队，有的和雷锋住上下铺，有的和雷锋一起站过岗、一同施过工，雷锋同志因公殉职后，有的还为雷锋同志整过容，守过灵。在部队期间，他们亲耳聆听过雷锋作过数次报告，亲眼见证了雷锋为人民服务的光辉事迹，对雷锋同志公而忘私的精神、助人为乐的品德，矢志不渝跟党走的坚定信念有着切身感受和体会。之后有的当战士时复员回原籍，有的是基层干部转业回来，宋清梅同志干到雷锋生前所在团的第九任团长，1986 年转业安排在邓州市文明办任副主任至退休。

40 多年来，这 500 多名返乡的雷锋战友，始终保持着军人本色，以“雷锋战友”为荣，坚持“像雷锋那样做人，不给雷锋抹黑”。身体力行，在平凡的岗位上实践、传播雷锋精神。1989 年，他们自发成立了“学雷锋指导委员会”“学雷锋送温暖小分队”等，在邓州市架起了一座“了解雷锋、认识雷锋、走进雷锋”的桥梁，为社会树起一股“知雷锋、爱雷锋、学雷锋、做雷锋”的新风尚。

1996 年 4 月，我来河南省军区任政委，去南阳军分区调研期间，专程去邓州市武装部考察这一学雷锋先进集体，并接见了宋清梅等几位在雷锋所在团担任过营以上干部。回到机关后，省军区政治部根据我们调研的情况，对邓州市学习雷锋先进集体的典型事迹向济南军区政治部作出专题报告，济南军区政治部领导非常重视，派前卫报社关谨武副社长和黄河民兵杂志社的同志前往邓州市作专题考察调研，军区政治部调研组回到郑州后，我们对这一学雷锋先进集体的宣传和培养问题作了认真研究，大家为：从人数、事迹和社会影响即是一个“编外雷锋团”。之后，济南军区前卫报、《黄河民兵》杂志以《邓州编外雷锋团》为题作了长篇报道。在军分区、武装部的指导下，经与雷锋生前所在团沟通，1997 年 4 月，经邓州市委、市政府、武装部批准，邓州籍这 560 名雷锋生前战友组成“编外雷锋团”，团部设在邓州市人武装，宋清梅同志任团长，原团政治处主任姚德奇同志任政委。从此，这批雷锋的战友，传播雷锋事迹、弘扬雷锋精神，实现了由自发到组织、由个体到集体的转变，成为全国最大的学雷锋先进集体。

为培养、宣传邓州“编外雷锋团”这个典型，河南省委、省政府、省军区做了大量的卓有成效的工作，时任省委书记李克强同志，省军区多位领导同志到邓州视察工作时，都要听取“编外雷锋团”的先进事迹汇报，对深入学习宣传提出具体要求；河南省委宣传部、省军区政治部、省民政厅联合作出决定，号召全省军民向“编外雷锋团”学习。省军区机关、省直机关还组织了专场“编外雷锋团”先进事迹报告会，对推动全省各级向雷锋同志学习起到很大的促进作用。

为使邓州编外雷锋团在邓州能代代相传，根据省军区领导的指示，南阳军分区与雷锋生前所在团协商，从 2001 年开始，每两年从邓州市选拔 100 名优秀青年到该团当兵，这些青年退伍后全部加入“编外雷锋团”，成为传播雷锋精神的新火种，使雷锋精神代代有传人。为更好地宣传弘扬雷锋精神，展示“编外雷锋团”学雷锋的先进事迹，2002 年，在河南省委、省政府、省军区的支持下，邓州市筹建了“编外雷锋团”先进事迹展览馆，中央军委原副主席迟浩田为编外雷锋团展览馆题写馆名。

10 多年来，人民日报、解放军报、中央电视台、新华社、中国国防报等 20 多家新闻媒体先后进行了报道。2012 年 3 月，党中央在人民大会堂召开纪念学习雷锋活动 40 周年大会，“编外雷锋团”被表彰为全国学习雷锋先进集体，宋清梅团长代表

“编外雷锋团”作了先进事迹报告。

二、汤阴县维护军人军属合法权益巡回法庭的“汤阴经验”

1997年1月，我带机关同志到汤阴县武装部调研，时任武装部政委曹香华汇报，人武部收归军队建制以来，处理军人、军属涉法问题不断增多，为适应这一新情况，人武部在调查研究的基础上，经过与县人民法院协商，于1996年11月，在人武部办公楼挂牌成立了“汤阴县人民法院维护军人军属合法权益巡回法庭”。听完汇报后，我察看了“巡回法庭”的现场，听取了县法院同志的意见。看到“法庭”设置整洁、正规，受理军人军属涉法案件符合有关法律程序。在此我又与汤阴县委、政府，司法部门，军分区、人武部的同志作了座谈，在他们再三要求下，我为人武部题写了“巡回法庭，利国利民”。座谈会的讲话中我讲道：汤阴县人武部积极探索新形势下如何发挥好军地之间的桥梁、纽带作用，服务部队建设，创建的“维护军人军属合法权益巡回法庭”是一个创新，各级要积极支持，完善这一新生事物；要拓宽与军人军属联系的渠道，使他们知道人武部有这个服务机构；要加强与法院的沟通，使“巡回法庭”能办事，能办成事。回到机关后，我即与时任省高级人民法院李道民院长作了交流，道明院长是一位关心支持国防和军队建设的大法官，我俩商定：省军区政治部、省高院派出联合调查组，到汤阴县作深入地调研总结，并作出在全省推广“汤阴经验”的决定。

济南军区政治部在转发《汤阴县维护军人军属合法权益巡回法庭经验》要求，全区各部队在学习和推广汤阴经验的过程中，要提高思想认识，增强学习推广“汤阴经验”的自觉性。学习“汤阴经验”，就是要学习他们立足本职工作，服务部队建设的高度事业心和责任感；学习他们解放思想，大胆实践，积极探索的创造精神；学习他们紧紧依靠地方党委、政府和司法机关，共同为部队建设献计献策的工作方法。要从巩固国防，加强部队全面建设，维护部队和社会稳定的大局着眼，从讲政治的高度，认清学习、推广“汤阴经验”的重要性。要加强组织领导，尽快把学习推广“汤阴经验”落到实处。省军区系统要及时主动地向地方党委、政府汇报情况，交流信息，反映呼声，当好参谋。主要领导要靠上去做工作，协调关系，抓好落实。

汤阴县巡回法庭在全军、全国推广以来，得到了军委领导、全国最高人民法院领导、解放军总政治部领导、济南军区领导、解放军最高法院领导、河南省高级人民法院领导的充分肯定和支持。新华通讯社、《解放军报》《人民法院报》《前卫报》《河南法制报》等新闻媒体作了宣传报道。

三、商丘市充分发挥退伍战士在农村基层政权建设中的作用

2001 年 3 月中旬，我带领机关的同志，会同商丘军分区、商丘市委组织部对商丘市开发使用退伍战士、加强农村基层政权建设情况进行深入调查，形成调查报告后报送济南军区和中央军委迟浩田副主席。济南军区主要领导阅后作了重要批示，认为这个调查报告“观点清晰，事实可信，做法管用”。并在军区政工简报刊发。中央军委迟浩田副主席在调查报告上批示：“转总政治部，请宝山秘书长参阅，酌处。我看建中同志的调查报告有见地，有新意，可否在总政的有关刊物上刊用，请酌。迟浩田 2001. 4. 20。”之后，总政治部《政工简报》刊发全军。

河南省商丘市下辖 9 个县（市、区），202 个乡镇和街道办事处，4643 个行政村，总人口 803 万，其中农业人口 722 万，是典型的农业大市。商丘又是中原地区兵员输出大市，每年都有

几千名青年应征入伍，同时也有大批退伍战士返乡，被充实到各行各业特别是农村工作的第一线。从1995年开始，商丘市在加强农村基层组织建设中，围绕开发使用退伍战士这个人才资源，充分发挥他们在农村基层政权建设中的生力军作用，进行了一系列有益的探索和尝试，并取得显著成效。目前，全市4643个行政村的“两委”班子成员中，有13446人是退伍战士，其中担任支部书记、村委主任的就有2681人。《人民日报》《中国国防报》《解放军报》《中国民兵》杂志、中央人民广播电台等新闻媒体先后报道了他们的经验做法，商丘市积极开发使用退伍战士带来了良好的综合效应。

效应之一：优化了农村基层干部队伍的素质结构。目前全市“村官”的年龄由1995年以前的平均51岁下降至39岁；文化程度由原来的初中以下占72%上升至高中以上文化程度占84%。村干部事业心、责任感不断增强，工作作风和工作方法有较大转变，在抓班子自身建设、处理农村棘手问题、领导农村全面工作上，表现出了较强的能力素质。在全省开展“三级联创”活动中，商丘市共有2941个村党支部被评为“五好”村党支部，其中由退伍战士担任支部书记或村委主任的，占36．3%。宁陵县张弓镇西村党支部，过去一年到头不开一次会，村干部之间拉帮结派不团结，班子形不成合力。1996年，村党员代表一致推选退伍战士李中杰为党支部书记。他上任后，从“抓团结，树形象、强素质”入手，在支部成员中开展“重温入党誓言，争做优秀党员”活动，狠抓各项规章制度的落实，很快改变了班子建设的落后局面，并一跃成为全县的先进党支部。县里举办“乡村干部党员培训班”，专门请李中杰介绍了经验。

效应之二：增强了农村基层组织的凝聚力、号召力。退伍战士当村干部后，以自己的实际行动实践着党的宗旨，体现着

“三个代表”的要求，真正把广大群众团结和凝聚在党组织的周围。1998年，夏邑县业庙乡大朱庄村委班子闹不团结，处事不公，群众意见很大，公粮不上交，开会不到场，村委工作处于瘫痪状态。返乡在县城开快餐店的朱庆杰毅然放下手中日益红火的生意，回村挑起了村支书的担子。他上任后，按照有关程序大胆地调整了“两委”班子组成，重新制定了村规民约，并自费大量印制和张贴中央有关农村工作的政策、法规，大力倡导依法行政和完善村民自治，在村里实行政务公开、村务公开、财务公开，得到了群众一致拥护。不少村民反映：退伍战士当“村官”，能够处处替群众着想，跟着他们干，大伙儿觉得有奔头！退伍战士张占中，担任睢县榆厢乡关帝村村长后，专门写下一副对联挂在自己家门口：“多办事，办好事，办实事，才算本事；体民情，分民忧，理民务，方得民心”，用来表达自己一心为民的心愿。

效应之三：促进了农村经济发展和社会稳定。“农民要致富，关键靠干部”。担任村干部的优秀退伍战士发挥自身优势，很快成为带领群众发展经济的“领头雁”，稳定一方的“保护神”。睢阳区路河乡李吉园村支部书记袁德杰，退伍返乡后，根据本村土地沙质的特点，率先种植了南瓜、胡萝卜，当年赢利3万多元。他当选支书后，发动群众调整种植结构，无偿为群众提供优质南瓜、胡萝卜种植技术，群众收入当年就翻了一番。虞城县李老家乡王广桥村李敏玉、谢宪晨、李海伟3名退伍战士被选为村干后，发挥本村靠近310国道、交通方便的有利条件，通过到沿海发达地区考察，进行市场分析，从海南引进了“库拉索”、“中华”、“木立”等芦荟品种，大力发展芦荟种植业，当年就盈利40多万元。据统计，近5年来，商丘市评选的“科技星火带头人”，退伍战士占85%，有21名还被国家、省评为

“科技星火带头人”。

效应之四：带动了农村基层武装工作的开展。退伍战士充实到农村基层干部队伍，同样成为国防后备力量建设的生力军。据统计，全市专武干部和农村民兵干部队伍中，退伍军人占90%以上。他们懂军事，爱武装，国防观念强，在抓民兵教育训练、组织整顿、开展征兵等工作中发挥了骨干作用。各级武装部门反映，大批退伍军人当了村干部，民兵工作开展起来比以前顺畅得多，民兵组织发挥的作用也越来越明显。此外，退伍战士凭着良好的军人素质在农村建功立业，起到了很好的示范作用，进一步激发了适龄青年参军报国的热情。许多群众看到许多普通青年到部队锻炼两三年后，回来就能挑大梁，干大事，感到部队出息人，都愿意把孩子送到部队培养锻炼。每到征兵季节，全市适龄青年踊跃报名，“参军热”持续升温，多次被上级评为征兵工作先进单位。

四、长垣县流动民兵管理的基本经验

2000年3月中旬，我带领军区机关的同志对长垣县人武部加强流动民兵管理模式，进行了调研总结。

长垣县是全国著名的防腐、建筑之乡，1985年被国务院确定为国家劳务输出基地以后，外出务工人员逐年增多，全县民兵呈现出大流量、多流向的流动态势，流动民兵的管理成为困扰民兵建设的一大难题。几年来，他们认真贯彻落实上级关于民兵调整改革的一系列指示精神，着眼民兵工作“三落实”和现实军事斗争准备，在实践中摸索总结了“组织在流动中建立，活动在流动中开展，管理在流动中加强，作用在流动中发挥，实现组、训、管、用一体化”的流动民兵管理模式。外出务工民兵中先后有230人被各级政法部门评为先进，15名民兵被当地政府授予“十佳外来务工青年”。2000年初，中央政法委、建设部、司法部、共青团中央等8部委在驻京第一民兵营联合召开了现场观摩会，民兵营营长冯明亮被评为“河南省十佳青年”。

长垣县流动民兵管理的经验得到总参谋部、济南军区、河南省委、省政府的充分肯定。中央电视台、《解放军报》《法制日报》《工人日报》等40多家新闻媒体介绍了他们的做法。中共河南省委、河南省人民政府、河南省军区转发了他们的经验，转发通知中讲道：随着改革开放的不断深入和社会主义市场经济体制的逐步建立，外出务工人员逐年增多，对传统民兵管理模式提出了新的挑战。近几年来，长垣县人武部认真贯彻执行党中央、国务院、中央军委关于民兵工作调整改革的一系列指示精神，锐意开拓创新，积极研究探索民兵流动的特点和规律，在实践中摸索总结了“组织在流动中建立，活动中流动中开展，管理在流动中加强，作用在流动中发挥，努力实现组、训、管、用一体化”的流动民兵管理模式，建立起与市场经济相适应的流动民兵管理体制，使新形势下的民兵组织建设进一步得到了加强。

长垣县人武部加强流动民兵管理的先进事迹，充分体现了中央军委关于新时期民兵预备役工作的指导思想，适应了社会主义市场经济的特点，揭示了新形势下加强民兵预备役建设的客观规律，具有鲜明的时代特征和很好的榜样示范作用，是新时期民兵工作的一大创举。学习推广长垣县人武部加强流动民兵管理的先进事迹，对于全区人武、专武干部和广大民兵、预备役人员进一步振奋精神，开拓进取，推进新形势下民兵预备役全面建设，必将起到积极的促进作用。

全省各级人武部门要认真向长垣县人武部学习，学习他们以民兵预备役工作为己任的高度事业心和责任感，勇于探索实践，积极改革创新，努力谋求民兵工作的新发展；学习他们顺应市场经济的规律，在改革中加强民兵基层建设，扎实有效地建好民兵组织，创造性地抓好民兵工作落实；学习他们注重提高民兵队伍的军政素质，加强民兵教育管理，在“两个文明”建设中积极发挥民兵作用；学习他们坚持依法办民兵，保证人民武装永远置于党的绝对领导之下，确保民兵工作在市场经济条件下健康发展。各级党委、政府要进一步继承和发扬党管武装的优良传统，不断强化国防观念，尽职尽责抓好民兵预备役工作。在学习借鉴“长垣模式”的同时，要注意研究探索流入地民兵编组、教育、训练、管理的有效途径，不断完善对流动民兵的管理经验，为把我省民兵预备役建设提高到一个新水平而努力奋斗！

五、服务部队建设的创新工程“三好活动”

根据中央军委新时期军事战略方针和关于质量建军、科技强军的一系列指导方针，以《国防法》《兵役法》为依据，本着“贴近实际、规范易行、注重实效”的原则，按照“征兵重素质、服务求质量、安置讲实效”的总体思路。1999 年 3 月，我带机关同志用近一个月的时间对 6 个军分区，30 多个人武部进行了调研，感到当前部队建设中存的一些突出问题与省军区系统和地方有着密切联系，需要省军区系统协调解决。集中表现在三个方面：一是部队反应新兵素质下降，感到兵越来越不好带；二是在伍人员家中的实际问题增多，直接影响着官兵的思稳定；三是城镇兵退伍安置比较难，影响了预征对象的参军热情。

如何发挥省军区的职能，为部队排忧解难。我们在周口军分区尝试开展了选送好入伍的、服务好在伍的、安置好退伍的“一条龙”服务活动，收到了较好的效果，引起了河南省委、省政府的高度重视，得到济南军区主要领导同志的肯定。我们把这项工作系统总结为“选送好入伍的、服务好在伍的、安置好退伍的”三好活动。

为了使“三好”活动在省军区系统和全省上下能够深入人心，列入县（市）政府、人武部的工作日程，河南省双拥工作领导小组、河南省军区分别下发在全省深入开展“选送好入伍的、服务好在伍的、安置好退伍的”活动的意见。意见指出，“三好”活动，是近年来我省探索的新形势下动员全社会关心支持部队和国防建设的一条新路子，对巩固和提高部队战斗力，推进质量建军、科技强军战略目标的实现，强化全民国防意识，促进地方经济的发展具有十分重要的意义。

选送好入伍的。瞄着质量建军的需要，尽责输送高素质兵员。一是尽力选送高中以上文化程度的；二是尽力选送具有专业技术特长的；三是尽力选送优秀基干民兵和预备役士兵。

服务好在伍的。确保官兵稳心尽责，尽心搞好全方位服务。一是全程跟踪与部队共管共育士兵；二是全面落实拥军优属政策；三是全力为士兵家庭帮困解难。

安置好退伍的。围绕军地共同需要，尽力把退伍军人安置好。主要做好“三个协调”：一是协调地方政府出台退伍军人安置政策。二是协调职能部门探索研究安置的有效途径。三是协调用人单位抓好落实。

“三好”活动在全省各地蓬蓬勃勃地开展，受到了部队的欢迎，引起了良好的社会效应。

首先是奠定了部队建设与发展的根基。“三好”活动的开展，全省青年踊跃报名的热情更加高涨，为部队输送了大批优质兵员。全省责任退兵的数量明显减少，新兵入伍后私自离队的明显减少，在部队受处分的士兵明显减少；在部队入党、入团的人数增多，提干转为志愿兵的增多，立功获奖的增多，各类骨干增多。

其次是营造了关心、支持部队建设的社会氛围。在河南省政策拥军、行业拥军、群众拥军、法律拥军、科技拥军已形成体系，为军人、军属排忧解难蔚然成风。

第三是促进了战斗力和生产力的共同提高。“三好”活动的开展，顺应了新形势下“市场”和“战场”的需要，为提高部队战斗力和促进地方生产力的发展发挥了重要作用。每年全省为部队输送了一大批文化程度较高的优秀青年，对战士整体素质的提高、适应科技强军、科技兴训的要求奠定了基础。每年全省退伍的近万名士兵，及时充实到民兵预备役组织中，为国防后备力量建设注入了新的活力；协调安置好退伍战士，有效促进农村基层组织建设、企业的发展起到积极作用。退伍战士成了经济建设中的骨干力量，他们有的担任乡、村、企业的领导，有的成了生产骨干、技术能手，有的成了致富能手、致富带头人。农村基层干部中有60%以上是退伍军人，他们为地方的经济建设和发展做出了突出贡献。

六、扎实开展“四个河南”活动

河南地处中原，是兵之要地。近几年部队经过多次精简调整，至2001年，河南驻军有军级单位7个，师级单位60多个，团级单位近300个。驻军、院校、武警总兵力近13万人，是典型的驻军大省。根据中央军委关于“军队建设要服从服务于经济建设”大局的要求，积极组织解放军、武警官兵投身于地方的“两个文明”建设，是和平时期军队各级领导时刻关注的一个重要问题。

河南素有拥军优属，拥政爱民的光荣传统，“视人民如父母，视军人如亲人”就是驻豫陆军第20集团军总结推广并得到国家民政部、解放军总政治部认可并在全国宣传推广的，在河南军地各级已深入人心。

2000年，河南省委、省政府提出：在全省范围内深入开展“热爱河南，增辉中原”的活动，驻豫部队如何响应河南省委、省政府的号召，我带领省军区机关在深入调研的基础上，提出了在驻豫部队、武警官兵中开展“热爱河南、建设河南、宣传河南、增辉河南”的活动。

在2001年的河南省人民代表大会期间，时任河南省委书记李克强同志参加解放军代表团的讨论，听取解放军代表对河南省政府工作报告的意见。解放军代表团有49位代表，来自驻豫各大单位，我利用这个机会，在发言中向代表们介绍了在河南驻军中开展“热爱河南、建设河南、宣传河南、增辉河南”的意见，并详细讲了开展这项活动是新形势下军队参加地方“两个文明”建设的延续和深化；是为河南形象增辉的具体措施；是以实际行动汇报河南人民关心厚爱的重要体现；是落实“视人民如父母”的具体行动。

各位代表积极拥护我这一倡议，李克强书记在讲话中讲道：建中代表在发言中提出在驻豫解放军、武警官兵中开展“四个河南”活动的倡议，我很赞成。这与省委、省政府提出的“热爱河南、增辉中原”的要求在驻豫部队中更具体化了。这充分体现驻豫部队关心支持地方经济建设和“两个文明”建设；体现了河南双拥工作的新举措；体现了河南驻军讲政治、顾全大局，军民鱼水情的实际行动。省委、省政府一如既往地支持国防建设和驻豫部队的战备训练，开创我省双拥工作的新局面。

会议结束后，省双拥领导小组下发文件，对驻豫部队开展“四个河南”的活动提出了要求。省军区政治部牵头专门召开了河南驻军各大单位政治部主任会议，研究部署了开展“四个河南”活动的落实措施。要求驻军各单位要把这项活动筹划好、部署好、组织好、落实好。各级要加强协调，密切配合；要注重质量，讲求实效；要统筹兼顾，搞好结合；要落实制度，坚持经常。通过这项活动，使驻豫部队增进了解，相互支持，促进团结，开拓进取，共同谱写河南拥政爱民工作的新篇章，为促进河南经济发展和社会进步做出新的贡献。

第十章 未了故乡情

我从 1961 年离开家乡至今 50 多年了，也许是年老的原因，怀念家乡，想念同学和儿时的朋友，思念亲朋好友的感情越来越浓，每当想起生我养我育我的这块黑土地，总有感恩不尽的心情，因此产生了力所能及地为家乡人民做点善事的念头。

修一条公路

我的家乡沭阳县，地处江苏、山东、安徽三省的交界处。茆圩乡在沭阳县的西北角，彼临东海县、新沂县，河哨村西临即是新沂县，地处偏僻，距离沭阳县城 30 多公里，距新沂县城 40 多公里，距东海县城 60 公里。50 年代末从新沂县下火车到沭阳县开通仅有的一条沙石公路，到中途的阴平汽车站下车，离我家河哨村还有四、五公里，交通极不便利，我一直到上初中选飞行员体检时，第一次乘汽车去的沭阳县城。

1964 年春季，我入伍第一次回家探亲，晚上 10 点多钟从徐州乘火车，第二天凌晨五点钟到新沂车站。新沂到沭阳每天只有上午 10 点，下午 2 点两班汽车，上午的票买完了，我乘下午 2 点的汽车，到阴平汽车站下车，不巧天还下起了大雨，道路泥泞，家中去人接我的自行车只能扛着走，不到5公里的路走了两个多小时，直到晚上六点多钟才到家。

茆圩乡由于交通不变，与外地人来往交流得很少，经济发展的信息不畅，生产资料交流更是困难，当地的农产品运不出去，农民致富的门路不多，就连当地的女儿出嫁也都是很近的距离，父老乡亲就是这样年复一年的生活着，一代一代地过着艰苦的生活。

2002年春天我探家时，时任茆圩乡党委书记朱立荣同志向我提出：徐淮（徐州至淮阴）高速公路已列入省交通规划，阴平至茆圩的乡村道路尚未列入计划，要我关心一下家乡的交通环境和经济发展。回到部队后，我找到河南省交通厅有关同志咨询这方面国家有关政策，他们介绍说：类似情况应该列入省的村村通工程。

基于国家的政策和我家乡的实际情况，2002年上半年，我冒昧地给时任江苏省委书记李源潮同志写了一封信，信的大意是："尊敬的源潮书记：你好！我的家乡在江苏沭阳县茆圩乡河哨村，1961年夏季从沭阳中学应征入伍，现在河南省军区任政治委员，兼任河南省委常委。近几年，我探亲回乡看到家乡的经济发展、社会稳定、农村面貌和农民生活有很大变化，非常高兴和欣慰。但我看到家乡的交通环境变化不大，改革开放20多年了，我回家唯一的一条泥泞小道面貌依旧，从下公路到茆圩乡政府只有七八公里，如能列入省村村通工程项目，省市关心支持一下，就能解决周围三四个乡镇10多万人口的进出道路问题，期盼省领导给予关照支持。"源潮书记非常亲民，收到我的信函后，当即批示省有关领导及省交通厅派员考察。按照源潮书记的批示，时任宿迁市委书记仇和同志指示市交通局筹措配套资金，积极支持和配合，尽快把路修好。县交通局主动承担道路设计和建设施工。时任茆圩乡党委书记刘周清同志跟踪问责，省、市、县共投入近千万元资金，经过近两年的努力，从潼阳（阴平）下高速至茆圩乡政府约8公里的水泥道路建成。道路建成后，刘周清书记找到我说，家乡人民为感谢并牢记这条公路的建设过程，拟定名为“将军路”。我当即表示，我个人只是给省领导反映一下真实情况，做了一些协调的工作，主要是党的富民政策，省、市、县各级政府的关心支持，按当地道路命名的习惯，即称“潼茆公路”。

“要想富，先修路”。道路成后，附近的茆圩乡、潼阳镇、新沂县的黑埠乡等地农民进出方便了，农村产品流通加大了，茆圩花生、茆圩草莓、茆圩西瓜等茆圩品牌的农村产品流通快了。近几年，茆圩乡工业园区的招商引资项目达到一个多亿，就在我们村庄的东西两头还建有两座福建人开办的工厂。有许多外出打工的年轻人也返回家乡，建设家乡。当地农民高兴地说：这条路是我们几代人期盼的今天，是我们的致富路，幸福路，今后我们的子孙们不会再穷啦！

建一所小学校

九十年代后期，我回家乡探亲，路过李圩村时，陪同我的堂弟张建全指着不远处一座院落告诉我：这是你在家上过的李圩小学。我到近处一看，50年代的砖坯房已破烂不堪，操场上唯一的一个篮球架已倾斜到不能使用了。学校周围原来围墙已不见了，杂草丛生，猪羊随便进出校区。

我顿然心酸，心想，我们国家解放近50年了，国家对农民非常关注的孩子上学的小学校，怎么就无钱修缮呢？时任乡党委书记朱立荣同志到家看我时，我问起了此情况，他说：我们这地方基本上是吃饭财政，教育上经费只能够教师发工资，无经费来源去修缮房屋校舍。

回到部队后，听到看到到处都有支援修建老区、山区、偏远地区希望小学报导的新闻，责任感油然而生，我应该力所能及地关心教育过我的母校，关心家乡的孩子们，回报家乡对我的养育之恩。

我的想法与朱立荣书记商量后，他表示感谢和赞同。我让他预算一下，按当地的建筑成本，新建一所小学需要多少经费。时隔月余，朱立荣书记到郑州向我汇报了建校地址、建筑面积、经费预算和乡党委政府的总体安排。新建一所小学校区预算经费40 万元左右，我当时承诺我为你们筹集资金 20 万元，乡政府列入财政拿出 20 万元，经费这个主要矛盾就解决了。

朱立荣书记回去搞校区征地和规划设计，我经过认真思考，找到了我的老战友，郑州军分区原转业干部、民营企业家张辉同志，向他诉说了曾经培养过我的李圩小学的现状，他当即慷慨解囊，表示像关心希望小学那样，支持我家乡李圩小学的建设。

经过一年多的努力，一座崭新的现代化的小学校区在我家的村东头建成了。在李圩小学新校区搬迁之际，沭阳县委薛甫伦书记，县教育局有关同志，茆圩乡党委、政府及所属各村的领导及周围群众近 200 人参加了李圩小学新校区落成典礼，我在当时讲了三句话：第一，感谢党中央改革开放的富民政策和对老区、山区、贫困地区建设希望小学的关心支持，使这些地区的孩子们有学可上。第二，感谢勤劳朴实的父老乡亲几十年来对我和我家庭的关心帮助，使我能安心工作、报效国家、事业有成，使我有责任、有能力回报家乡人民；第三，希望孩子们勤奋学习，不负家乡父老的关心关爱，今后在各个岗位上为我们国家的现代化建设做出更大的贡献。

学校教室和校舍建成了，但我进教室一看，还是在老校区使用多年的东倒西歪的旧课桌、破凳子，心想这等于是让孩子们“穿着西装啃窝窝头啊”。回到部队后，经过一番运筹，又出资五万元为教室更新了课桌板凳，购买了部分电视机和现代化教学设备，同时拿出二万元作为奖学金，每年奖励10名品学兼优的学生，当时学校设称“勤奋奖学金”。次年回家，当我看到孩子们在新教室、新课桌，使用的现代教学设施上课时心中感慨万分，激情讲了几句打油诗：

建校四十载，旧貌换新颜；
新校区落成，学生乐开怀；
教室明又亮，电子进课堂；
改革开放好，教育开新篇。

随同前往的沭阳县委办公室仲向阳主任要我为学校提幅字以示鼓励，我当即为学生们写下“志存高远”四个字，希望同学们心存大志，为国家现代化建设作出更大的贡献。

建一座便民“医院”

2004年我退出省军区领导岗位，每年清明节，我与老伴任林风同志都一起回家乡为双方老人祭祖扫墓，每次回去都由县、乡政府接待，时间久了感到不变，因此与弟妹商议，在我家原住的老垞基地上翻建新屋，此想法得到了原乡党委书记刘周清同志的支持。

我向乡政府表示：我的建房一是符合当地新农村建设的总体规划；二是与当地农民住房大体一致；三是不要对我有特殊的照顾，侵害群众的利益。刘周清同志讲：将军在当地百姓中一直有口皆碑，近几年为家乡做了很多好事实事，家乡人民很感激，家乡政府和百姓欢迎您回乡建房，以便更多更好地关心支持家乡的建设。刘周清同志将经县委县政府批准的李圩片区新农村建设规划图给我讲了总体规划。照此规划乡土地所的同志为我建房划定了地基。划定地基后，我请郑州大学建筑设计所吴晓麟所长设计的图纸。我与弟弟张建山商议于2010年4月12日动工，张建山从济南回去主持奠基仪式，老家的堂弟张建全负责建筑材料的购买和整个工程的质量监管。房屋于11月25日竣工。房屋建成后我写了一首诗并书挂中堂："校园应征进军营，两岳论剑五十春，乡音未改鬓发白，闲居陋室思亲朋。"为教育子孙后代，我又写了一副对联："祖传耕与读，家训勤尤俭。"请河南省著名书法家、省书法家协会原副主席王澄先生献墨题写。为了使住房合规合法，将来不留后遗症，使我家具有永远居住权，茆圩乡政府为我们住房颁发了"准建证"。

房子修好后，2005年我与老伴率子女回家探望并拜祖，孩子们都住在新居。次年，已离家近30年的老母亲回家住了一个月。之后，我们每年春天和秋天各回家一次，享受苏北风光，享受春踏青秋收割农民的喜悦心情。

每年回家都可听到看到农村缺医少药的现状，看到周围农民看病难的情况，我由心感到同情和关爱。2015年春季，我们回家看望时，我有意到李圩村卫生室询问王医生，他说：按上级要求，村卫生室应该有80—120平方米的单独建筑用房，药品室，门诊室，治疗室都应该分开。李圩村现在没有单独的卫生室用房，只能从现在村部的用房中调整使用，由于没有单独卫生室用房，医疗设备难开展，医务人才难保留，医疗效益难保障，李圩村卫生室几十年没有什么发展。

据有关资料记载：1983 年，农村体制改革时，原“大队合作医疗室”易名为村卫生室，主要承担村内疾病防治，疫情报告和预防接种任务。1993 年后，卫生室管理逐步滑坡，村卫生室逐渐变成了私人诊所。2002 年，按照党中央和上级有关规定，“适应需求，合理布局，方便群众”的原则，全县村卫生室开始创建社区卫生服务站。2003 年，沭阳县根据中央和省、市的要求，出台了《沭阳县新型农村合作医疗暂行办法》，进一步明确了新型农村的合作医疗机构和农村农民的医疗办法，近期国务对农民看病难问题又出台了一系列保障措施。

回到家中，我向老伴任林风同志介绍了上级有关规定和村卫生室的现状，她不愧为是一名老共产党员，我俩意见非常一致，尽我们微薄之力，帮助村建一座卫生室，以缓解李圩村及周围父老乡亲看病难问题。我们的愿望与茆圩乡党委书记史建军、乡长徐东同志报告后，他们非常感激，并委托副乡长钟鸣同志专门协调此事。经商议：为便利群众，决定在村部西侧建一座 160 平方米的卫生室，预算资金约 15 万元左右。我们答应回部队后一月内左右将款汇入乡财政，10 月底前将卫生室建成。11 月我回家看望时，一座崭新的卫生室在交通便利的村部西侧落成，卫生室建两层楼房，内设有药品仓库、储存室、治疗室、门诊室、医生值班休息室等。为便于管理，使周围环境美观整洁，卫生室还拉有院墙。使李圩村和周边的群众享受到社会主义新农村新的医疗卫生环境。

为沭阳中学捐献图书

2014年，按中央军委和济南军区要求，已居住按总部要求经济实用住房的军队领导干部，要退出现在居住的公寓房。中央军委要求："严格规范高中级干部住房管理，……离退休干部已安置住房，仍占用公寓房必须腾退"。济南军区要求："购买的房改房，已装修完成并已进住的，现住用的公寓房8月31日前必须腾退"。8月上旬省军区周和平政委等领导向我传达了上级要求。我当即表态：第一，中央军委的要求是正确的，这是全军的大局，也是多年军队营区未解决的老大难问题。第二，我坚决执行上级指示，按时搬出交钥匙；第三，鉴于我在省军区工作生活近二十年，能留一间小仓库，便于临时存放暂搬不走的东西；第四，因我在河南地方兼任的工作还没有完全交接，我在郑州还要工作生活一段时间，生活上机关能够给予保障。周和平政委很高兴地答复：第一，感谢老领导对省军区工作的支持和理解；第二，按济南军区要求，为搬迁的老同志解决一套团职住房，因机关暂无空缺的团职住房，在南院解决一套原师职住房，以便搬迁后暂住；第三，公寓房搬出后，凡仍在郑州生活的老同志机关对其生活、医疗保障不变。8月25日后勤部营房处交给我搬迁临时房的钥匙，我在郑州居住近20年的宿舍，经过紧张的四五天准备，按上级规定，8月30日交出了原住房的钥匙。

我的家1992年从济南搬到67集团军所在地淄博，1996年从淄博搬来郑州，几十年积攒下来的近2000多册图书无处存放了。闲谈之余，郑州几所大专院校要求收藏，我和家人经过认真思考后，决定捐献给我的母校——沭阳中学，以表教育培养之恩。沭阳中学原校长刘宗宝同志来郑州看我时，把我们的想法与他交流后，他表示赞赏，他与沭中张峰校长沟通后，张峰校长很快回话，表示感谢和欢迎。

沭阳中学同意接收图书后，我对储存的书籍进行分类登记，发现我收藏的图书中，马列著作较多，古典名著和小说类较多，工具类书籍较多，军事阅读刊物和书籍较多，适合中学生阅读的科技类图书、教育类图书较少。因此，我与河南省出版集团董事长王爱同志联系，要求从他们出版社再购买一部分适合中学生阅读的图书一并赠送。王爱同志在县、市工作时是一位非常优秀的女干部，他爱人在省军区工作，对军队非常有感情，是一贯关心支持国防和军队建设的领导干部，她听说我的举动后说：一是为老将军关心支持教育的行动所感动；二是江苏省沭阳中学是历史上的名校，他们为支持沭阳中学的教育愿尽微薄之力。她把我要求购买的图书1000多册一并赠送沭阳中学。

按沭阳中学的安排，3月25日下午，在校报告厅举行了“张建中将军图书捐赠仪式”，沭阳县副县长顾宇同志，校长张峰及部分师生代表200余人出席捐赠仪式。张峰校长介绍说：张将军1942年出生于沭阳县茆圩乡，1961年从沭阳中学走进部队，曾先后担任济南军区司令部直属工作部部长，济南军区政治部秘书长、67集团军政治部主任、河南省军区政治委员、河南省委常委等职务，张将军情系母校，一直关心、支持母校的建设与发展，本次荣归故里，向母校捐赠图书2800余册。他代表全体师生向关心、支持学校发展的张将军表示感谢。希望全体师生学习张将军心系故乡、情系母校的高尚情怀，不辜负老校友的殷切期望，把社会各界的支持和鼓励化作无穷的动力、努力学习、刻苦钻研，把沭阳中学办出水平，办出特色，为社会培养输送更多人才，更好地报效祖国，服务人民，回报社会。副县长顾宇同志向长期关心支持沭阳经济社会发展的张将军表示衷心感谢。他说：张将军怀着感恩沭阳、回馈母校的深情厚谊，给母校献上一份厚礼，感念故土、激励母校，鞭策后代的大爱善举，将进一步增强我们办好沭阳教育的信心，激励沭阳学子更加奋发图强。捐献仪式上，我怀着深情地说，母校培养教育我，给我留下美好的记忆，看到母校发生翻天覆地的变化和近几年取得的优异成绩，深感欣慰。希望同学们树立终身学习的理念，勤奋努力，自立自强，发扬扶贫济困、团结互助的传统美德，早日成为社会栋梁。

将军故乡行

2005 年 3 月中旬，我与老伴回乡探亲，应宿迁市领导邀请，我们乘车赴早已期盼的宿迁市参观。

宿迁市是 1996 年国务院区划调整时从淮阴市划出单列的地级城市，地处长江三角洲地区，是长三角城市群成员城市，也是淮海经济圈、沿海经济带、沿江经济带的交叉辐射区，是江苏省最年轻的地级市。

宿迁历史悠久、文化繁荣，古称下相、宿豫、钟吾，是西楚霸王项羽的故乡，京杭大运河穿境而过，北倚骆马湖，南临洪泽湖。宿迁自古便有“北望齐鲁、南接江淮，居两水（即黄河、长江）中道、扼二京（即北京、南京）咽喉”之称。乾隆六下江南五次驻跸于此，赞叹宿迁为“第一江山春好处”。其境内有世界文化遗产京杭大运河及乾隆行宫遗产点、项王故里、骆马湖、洪泽湖湿地等著名旅游景点。是中国优秀旅游城市、国家园林城市、国家卫生城市、中国金融生态市、联合国环保节能新型示范城市。宿迁是中国酒都，洋河、双沟两大名酒出产于此，有

“中国白酒之都”美称。

3 月 15 日，我们驱车到达宿迁后，这是宿迁建市后我第一次来到这座新型城市。时任宿迁市委书记仇和同志，副市长薛甫伦同志，宿迁军分区的司令、政委等接待了我们。这是我与仇和同志从沭阳县委书记升任宿迁市委书记后第一次相见，老友相见格外亲。他热情地向我们介绍了宿迁的城市建设、经济发展、宿迁悠久的历史文化和旅游景区。离开宿迁时，仇和同志向我赠送了四瓶“蓝色经典”洋河酒，他说：这四瓶酒不是送礼，而是希望你不忘家乡，在河南乃至全国宣传洋河酒，助推洋河酒占领河南市场。回到郑州后，利用这四瓶洋河酒，我在不同场合召集河南朋友和企业家饮用，第一次饮酒就受到大家好评，并产生了洋河酒在河南的总代理，到 2010 年“蓝色经典”系列在河南销售额达到近 20 个亿，是仅次于江苏的第二大销售省份，洋河集团总裁张雨柏同志来河南考察市场时，多次表示江苏老乡对洋河酒在河南营销市场打开局面的感激之情。

离开宿迁时，《宿迁日报》社记者朱子斌专程采访了我，在 3 月 17 日的《宿迁日报》头版刊登了“将军故乡行”。文章称：“‘一年一小变，二年一大变，三年一巨变，这是我回故乡的最大感受。’昨日下午，河南省委员常委、省军区政委、沭阳籍少将张建中在接受本报记者采访时说了这样几句话。

“张建中是沭阳县茆圩乡人，1942 年 10 月出生，1961 年 7 月从沭阳中学应征入伍。1963 年，他曾参加过天津抗洪抢险重大战役，电影《战抗洪图》就是那次抗洪抢险的真实再现。他先后在徐州某坦克师、济南军区、河南省军区、河南省委等部队和地方任战士、干部处处长、政治部秘书长、某集团军政治部主任、河南省军区政委、河南省委常委等职，1994 年授予少将军衔，1997 年当选为党的十五大代表。

“张建中曾于1999年、2002年回过故乡。每次故乡行，他都有自己的深深感悟。沭阳中学举行80周年校庆时，他回到沭阳看到家乡变化，十分高兴。于是他作为校友在校庆大会上，号召在外工作的沭阳籍老乡，要为热爱沭阳、建设沭阳、宣传沭阳、增辉沭阳作出自己的积极贡献。

“这次来宿迁，他在副市长薛甫伦陪同下，通过参观宿迁城建展览馆、宿迁学院、经济开发区、嶂山森林公园、湖滨浴场、项王故里等建设项目，感受更深。他说：‘从沭阳到宿迁，所见所闻，给我最深的印象是，宿迁变化可以用日新月异来形容，领导务实作风可以用有口皆啤来比喻。省市共建、八校联建宿迁学院的新创举，城区面貌大改变、人们思想大解放，招商引资大推进，这一快速发展的宿迁速度真的可以和当年的深圳速度相媲美了，这也是科学发展观在宿迁的成功实践’。”

第十一章　生活背后的亮光

岁月带着往事，已经渐行渐远，但我的许多记忆并未随之淡去。近几年我出版的几本（部）拙作，得到了诸位领导、战友、朋友的认可，很多战友、朋友出于关心给我书信、电话、信息，给予鼓励，现摘录几篇我的感悟以及他们对我著作的评价，一并录入我的永恒记忆和对他们的感激之情。

别忘济南军区

济南军区成立于1955年2月。1961年7月，济南军区“六岁”时，我入伍来到济南军区装甲兵坦克二师坦克四团。2016年1月16日零时，济南军区花甲之年，在裁军30万的大潮中，其番号撤销。我在济南军区工作生活了55年，济南军区的阳光沐浴我48个春秋，从战士到将军没离开过济南军区。

1955年2月，根据中央军委的命令，在原山东军区基础上组建济南军区。从此，这个英雄的集体，在齐鲁大地，奏响了高亢激昂的旋律，迈开了铿锵有力的步履。我1961年7月入伍即来到济南军区，在济南军区工作、生活这五十多年，在编制体制改革上，我经历了11次调整改革。

1968年，济南军区装甲兵扩编，组建坦克第八师，师部开始在莱阳，后迁址潍坊市，下辖坦克29团、坦克30团、坦克31团、炮兵团。

1969年，以济南军区装甲兵为主，组建坦克第十一师、坦克第十三师，交武汉军区装甲兵所属，师部分别驻扎河南省驻马店市、平顶山市。

1975年，为消除部分解放军部队"文化大革命"在驻地派性斗争中的影响，全军部队部署实施大调整。济南军区驻徐州市的第68军调往沈阳军区，沈阳军区所属的第46军调驻徐州市，归属济南军区。同时，根据毛泽东主席指示，八大军区司令员实施对调。

1976年，济南军区装甲兵独立二团移交南京军区第31军，团部驻扎厦门市长泰县。同时在济南成立济南军区坦克乘员训练团。

1978年，战区区划调整，济南军区原所管辖的徐海地区划归南京军区，原驻徐州的济南军区46军调防山东潍坊市，南京军区的12军从江苏淮阴调防徐州市。我原老部队坦二师成建制移交南京军区装甲兵司令部。

1982年，济南军区撤销炮兵、装甲兵、工程兵司令部，同时济南军区司令部成立炮兵部、装甲兵部、工程兵部。原军区装甲兵所属坦克第八师交陆军第46军所辖。

1985年，中国人民解放军裁军100万，原武汉军区撤销，其驻河南省的20集团军、54集团军及其原武汉军区所属驻河南省的直属部队移交济南军区。从此济南军区从原辖山东一个省，扩大到山东、河南两个省。我时任济南军区司令部直属工作部部长，接收了原武汉军区驻河南省的15个司令部直属单位。陆军第46军军部撤销，坦克第八师归属第67集团军。两个省军区所辖的县、市、区人民武装部移交地方。

1996 年，县市区人民武装部移交地方 10 年后收归军队建制，武装部一名主要领导参加当地党委常委。

1998 年，中国人民解放军裁军 50 万，陆军第 67 集团军撤消，集团军机关和所属部队交第 26 集团军。26 集团军军部从莱阳搬迁至潍坊市。原 67 集团军所属的 199 师改为 199 旅，旅部从周村迁到原军部所在地淄博市区。

2002 年，装甲第八师，装甲第十一师分别改成装甲旅。我入伍时所在的坦克二师改为装甲二旅，坦克六团改为旅属装甲营。

2016 年，习近平主席在纪念抗日战争及反法西斯战争胜利 70 周年大会上庄严宣布中国人民解放军裁军 30 万。撤销济南军区、兰州军区，分别组建东部、西部、南部、北部、中部五大战区。济南军区驻山东部队合并到沈阳军区，成立北部战区，同时在济南成立北部战区陆军部。济南军区驻河南部队合并到北京军区，成立中部战区。河南、山东两个省军区移交中央军委国防动员部管辖。

我亲身经历的济南军区这几十年调整改革的历史，见证了军队从单一陆军向机械化多兵种部队转变，从多兵种向精干合成转变，从 400 万到 200 万的现代化军队转变，见证了中国人民解放军在编制体制改革中发展壮大的这段历史。

济南军区这个英雄的集体，他的光辉历史永不黯淡，永载史册。下面我摘记“战友的呼唤”，以表我及战友们对济南军区的感情。

南疆作战，见证她保家卫国的忠诚；维稳现场，彰显她不辱使命的担当；联合演习，诠释她强军为本的情怀；实兵对抗，阐明她打赢第一的追求；首都阅兵，展示她雄师劲旅的风采；国际维和，升华她大爱无疆的形象；震区废墟，铭记她英勇无畏的血性；改革关口，再现她牺牲奉献的品行……

变换的是时空，不变的是精神。一部军区部队的发展史，就是一部优良传统的积淀史。

老实、朴实、扎实；见任务就上、见第一就争、见先进就学、见问题就改。听党指挥、令行禁止的忠诚精神；敢打硬仗、勇争第一的拼搏精神；改革发展、永不满足的创新精神；问题导向、立说立改的务实精神；大局为重、不计得失的奉献精神。60年来，在历届党委班子、茬茬领导干部、代代热血官兵的励精图治、赓续奋斗下，军区部队形成了以“三实”“四见”“五种精神”为主要内容的厚重传统。

这是济南军区的精神特质，这是两岳雄师的内涵品格；这是攻坚克难的重要法宝，这是发展壮大的力量源泉。正是光荣历史的感召，两岳雄师英勇战胜了一波波敌人，有效克服了一个个困难，圆满完成了一项项任务；正是优良传统的激励，两岳雄师打造了一个个品牌，创建了一个个亮点，总结了一个个经验，让济南军区的特色更明显、形象更靓丽、旗帜更鲜艳！

今天，回望历史、体味传统，广大官兵感到无比自豪。沐浴着济南军区的荣光，大家深知军旅生涯的珍贵。

今天，回望历史、体味传统，广大官兵感到信心十足。根植着济南军区的基因，大家倍觉前方道路的宽广。

今天，回望历史、体味传统，广大官兵感到万分神圣。赓续着济南军区的使命，昂首融入改革强军的激流。

60 年风雨兼程，60 载春华秋实。让我们一起重温济南军区的光辉历程，铭记济南军区的优良传统……

昔日的足迹昭示前进的方向，昨天的光芒点燃未来的薪火。我们坚信，济南军区的辉煌，永远镌刻在鲜艳夺目的八一军旗上；两岳雄师的官兵，雄壮行进在强军兴军的宏伟征程中！

在济南军区60年厚重的血脉传承中，有“五种精神”熠熠生辉。无论何时何地，无论去向何方，这些精神都值得大力弘扬！

济南军区，济南军区，
什么语言能够表达您的情愫？
什么行动能够回答您的眷顾？
六十年风雨兼程，六十年辉煌之路，
一个甲子，抒写您听党指挥的忠诚，
世纪更迭，彰显您令行禁止的服从。
济南军区，济南军区，
什么战斗能够熔铸您的铁骨？
什么疆场能够驰骋您的血性？
六十年风雨兼程，六十年辉煌之路，
一个甲子，抒写您敢打硬仗的拼搏，
世纪更迭，彰显您勇争第一的雄风。
济南军区，济南军区，
什么付出能够强壮您的臂膀？
什么追求能够威武您的脚步？
六十年风雨兼程，六十年辉煌之路，
一个甲子，抒写您改革发展的创新，
世纪更迭，彰显您永不满足的奋进。
济南军区，济南军区，
什么作风能够雕塑您的容颜？
什么精神能够砥砺您的内涵？
六十年风雨兼程，六十年辉煌之路，

一个甲子，抒写您问题导向的务实，
世纪更迭，彰显您立说立改的坚定。
济南军区，济南军区，
什么故事能够讲述您的纯洁？
什么文章能够存留您的思绪？
六十年风雨兼程，六十年辉煌之路，
一个甲子，抒写您大局为重的奉献，
世纪更迭，彰显您不计得失的心声。
历史将被永远铭记，岁月将会点燃希冀。
在哪儿，我们都是一粒种，
成长不变的大爱；
在哪儿，我们都是一把火，
升腾始终的忠诚。
这是告别，更是迈向强大新生！
相约奉献四方，相约强军兴军路上！
相约打赢战场，相约未来无限荣光！
这是告别，更是启航伟大征程！！

我在回顾济南军培育我成长的光辉历史，继承和发扬济南军“五种精神”的同时，我想起了济南军区办公大院“北大门”的传奇故事。

济南军区办公大院坐落在济南南郊，东临纬二路，北临经十一路，南侧和西侧都是机关和直属单位营区。根据其坐落，1955年始建办公大院时，大院的正门确定坐南朝北开北大门。

70年代，军区第一任杨得志司令员升任解放军总参谋长，80年代，时任军区政治委员迟浩田升任总参谋长，当时机关个别人对“北大门”有所议论；90年代，时任司令员张万年升任总参谋长，军区机关和部队议论比较集中：“军区办公大院风水好，办公大院‘北大门’是吉祥门。”90 年代至今，30 多年来，济南市城区建设变化很大，军区办公大院原在郊区，现在已成城区副中心了。

“北大门”与城市建设相比较已经显得破旧不堪，办公区内的办公楼新建了一幢又一幢，但“北大门”无人敢去破坏这风水，改建这“吉祥门”。1999 年，陈炳德从南京军区司令交流到济南军区任司令，对办公大院进行较大整治，新建一座较现代的办公楼，根据办公楼的坐落，新开了交通便利的东大门，但北大门仍保持原状，怕破坏了风水。陈炳德司令在新建办公楼前安放一块泰山巨石，民间称“镇宅石”，在北大门内侧正中位置以示“稳如泰山”。2001 年，陈炳德司令员升任军委委员、总装备部部长，后升总参谋长；2013 年，时任司令员范长龙已近退休年龄，在中共十八大之前，升任中央军委副主席。至 2016 年济南军区撤销，60 多年来，北大门始终以“吉祥门”屹立在此，济南军区先后换了十多任司令员、政治委员，没有一任去改变“北大门”的原貌。

中央军委的四位副主席（张万年、迟浩田、范长龙等），二位总参谋长（杨得志、陈炳德）都是从济南军办公大楼的北大门走出的，历史证实了济南军区办公大院是风水宝地，“北大门”是吉祥门。

济南军区撤销后，2016 年元月北部战区新成立的陆军部进驻办公大院，陆军部首长和机关从新建的交通便利的东大门进出。3 月初，陆军部一位主要领导在党的十八大后不收敛、不检点，受到降职处理。这“六升一降”是历史的巧合，但人们更加大了对这“北大门”传奇故事的色彩。

我在济南军区办公大院工作 22 年，从装甲兵政治部正营职干事到军区政治部秘书长。在济南军区撤销之时，我回忆记录“北大门”这段传奇的故事，目的是让战友们记住济南军区的光荣历史征程，记住济南军培育我们成长的感恩之心。

我爱橡树林

按照朋友刘斌同志的安排，我与老伴任林凤同志于2016年元月11日从三亚驱车到海南万宁县兴隆镇海航康乐园度假酒店。酒店下辖有三个高尔夫球会，即：温泉、橡树林、太阳河三个球场。因太阳河整修草坪场地，今年只对外开放两个球场。

11日下午，在球会的金正桓经理安排下，我与北京的朋友李龙同志同组打温泉球场。

李龙同志今年61岁，稍胖，皮肤黑里透红，身体健壮，在球道上走步带小跑，一眼看去就是经常打高尔夫球的球友。自称是90年代初瞒着父母从中央机关下海经商，企业做得不错，年纪大后以打球锻炼身体为主，已来球场月余。李龙同志打球动作规范，爆发力较好，经常与年轻球员PK，能保持在90杆左右。球童们说他心态好，性格和谐，都尊称他为“龙哥”。

我们下午两点半开杆，天气很好，李龙同志看我年龄较大，主动为我开车，在打球动作上还给我很多指导，前九洞打的非常顺利。第九洞刚打完，天突然下起大雨，我们在练习场临时遮雨后，李龙同志安排会所来了一辆车，把我接回酒店休息，他继续冒雨打后九洞。之后三天连续小雨不断，12号上午打了一场，13号、14号冒着小雨上午下午各打了18洞。

来到球场后连续四天的阴雨，有点心烦体累了。15号上午，天气晴朗，看到这么好的天气，我的心情特别好，身体也感觉浑身有力气，我主动要求打橡树林球场。

橡树林高尔夫球场，是在租用兴隆林场橡树林场建造的，林场始建于60年代，有林地两万多亩。球童王祚勇介绍：我们所在的橡树林，是周围连片橡树栽植面积最大，橡树树龄最老的林场，林内有部分橡树有八九十年的树龄。他介绍：橡树树龄越老，每年产橡胶越多。在球场的第16洞，有颗百年历史的荔枝树，此处原来有个小村庄叫荔枝沟，因修高尔夫球场，把他们集体搬出安置了。当时我想，这可能也是当地政府扶贫整村搬迁的项目吧。

橡树林内有多片横竖成行的橡树林带，在山间小路望去，酷似一群有纪律的黑人男子汉摆出各种姿势在练功呢。路边、池边、岭边及散落的橡树，一般都是四五十年树龄，它们一年又一年地用它乳白的“血液”为社会、为林场做出奉献。

橡木，即栎属，是壳斗科（Fagaceae）的一个属。栎属有600种，其中450种来自栎亚属和150种则是青刚亚属。橡木树心呈黄褐至红褐，生长轮明显，略成波状，广泛用于装潢贴皮用材和制酒桶。它们分布在北半球温和地区。在我国吉林、辽宁、陕西、湖北等地分布有柞木，与橡木同科，质地相近，在英文中一般与橡木一起称为oak。中国吉林、辽宁曾经有较大产量，湖北神农架及陕西亦有少量柞木出产。

橡树林高尔夫球会是一个坡多、水多、沼泽地多的山地球场，每洞距离比较长，是会员制专门球场。

在沐浴如春的阳光下，在风景如画的橡树林球场内，我的心情格外轻松爽朗，拿起球杆的悟性感特别好，开球的一号洞，我即打了个“拍”。球童小王说：“今天是天时地利人和，张老一定会打出好成绩。”由于对球场地形不熟，小王每个洞都给我指“方向”、判距离、提要求，我也不负他望，前九个洞打了4个

“拍”，取得44杆的好成绩。后九个洞感觉身体有点累，思想有点放松，只打一个“拍”，最后以总成绩95杆收官。这个成绩是完全按高尔夫规则打球，按标记杆的真实成绩，这是近两三年打球中最好的成绩。这时我想起了空军副政委徐成栋中将对我讲的一句话：“年过70的人，年长一岁每杆要短三五码，每场球要多两三杆”的经验之谈。

打完第九洞时，由于我的成绩好，心情好，突然在感情上产生对这片橡树林的热爱，思考要记录一下今天的环境、感情和打球的成绩，脱口向球童讲出：“我爱橡树林。”

我们在酒店住了五天时间，我先后在橡树林打了三场球，深感这个球场的环境好，球在树林间穿来穿去，球车在坡道上上下开动，没有累的感觉；空气好，林间时而有阳光时而有树荫，时而有鸟鸣，心情愉悦；球场管理好，因球场是会员制，来打球的所有队员都是素质、球技较好的，发球台和果岭绿如地毡，球道比较规范。我在此场打了3场只遇到六位会员，每场球都打得非常轻松。

因橡树林是属于山地球场，前几天又连下了几天小雨，球场的难度显现出来了，球场的特点是：坡多、路滑、池塘大、湿地长，遇到沼泽地，球道行走脚下有水，击球比较困难；由于是山地球场，我总结该场地有三盲：即盲洞，有一半发球台看不到果岭；盲道，球道前面的池塘、沙坑、湿地多数看不清，不熟悉球场的每球必须在球童的指导下打出，否则便落死地；盲球，由于连下几天雨，球场湿地长，很多球落点掉入泥坑内，只有球童按落点找球，按规则抛出再打。由于是山地球场，野生动物时有发现，我为他们总结了顺口溜：走了一坡又一坡，坡坡都有地老鼠窝；过了一塘（池塘）又一塘，塘边都有橡树行；打了一岭（果岭）又一岭，岭岭都有橡树荫。

高尔夫球场是天然氧吧，据资料测算，一块180平方米的草坪产生的氧气足够提供一个人一年的呼吸。作为一个天然氧吧，一个千余亩的高尔夫球场既可以改善周围社区的环境质量，又能起到调节气温、美化环境的作用。橡树林内的高尔夫球场会起到更大的作用。

这是我70岁以后打球环境最好的一个球场，最好的一次成绩，最真实的一次感悟："我爱橡树林。"

"老大哥"您好

我们这一代人当年是读着苏联文学，看着苏联电影成长起来的，对苏联一直怀着深厚的革命情怀。我50多年怀念"苏联老大哥"的梦想，于2016年7月27日，随河南国际旅社组织的旅游团俄罗斯八日游终于圆梦。

原俄罗斯苏维埃联邦社会主义共和国，简称苏维埃俄国或苏俄。苏俄是苏联最大的加盟共和国，乌克兰、白俄罗斯、阿塞拜疆、亚美尼亚、格鲁吉亚、爱沙尼亚、哈萨克斯坦、吉尔吉斯、拉脱维亚、立陶宛、摩尔多瓦、塔吉克斯坦、土库曼斯坦、乌兹别克斯坦等16个共和国，1922年12月30日，一起正式组成苏维埃社会主义共和国联盟，简称"苏联"。

几十年来，我一直怀念苏联老大哥，有以下几个理由：第一，毛泽东主席讲：十月革命的一声炮响，为中国送来了马克思列宁主义，从此成为中国共产党的指导思想；第二，以列宁、斯大林为首的苏联共产党引导中国的新民主主义革命取得胜利，建立中华人民共和国；第三，指导中国的社会主义改造和社会主义的制度建立；第四，无私派出专家帮助中国建设100多个重大项目和基础设施建设；第五，1949 年，以苏联为首的社会主义国家建立社会主义阵营。社会主义阵营包括欧洲东部的苏联、波兰、民主德国、捷克斯洛伐克、匈牙利、罗马尼亚、保加利亚、阿尔巴尼亚、南斯拉夫和亚洲东部的中国、蒙古、朝鲜、越南等 13 个社会主义国家。以苏联为首的社会主义阵营，与以美国为首的帝国主义进行针锋相对的斗争，即苏美两个超级大国，国际上称“美苏两霸”。为社会主义国家赢得国际地位作出了努力。

1964 年，赫鲁晓夫上台后，背离马克思列宁主义，搞修正主义。从中国撤走了援助专家，与中国共产党分裂敌对，企图扼杀刚刚建立的中华人民共和国。中国共产党针锋相对，对苏联修正主义的形成、发展及对社会主义阵营的影响发布了九篇公开评论，对苏联修正主义进行公开批判斗争。1969 年，发生了中苏边界的珍宝岛局部战争。从此，中苏处于敌对状态。

中国共产党在马列主义毛泽东思想指引下，领导新兴的社会主义国家，自力更生，艰苦奋斗，坚持社会主义道路，使原苏联援助的国内 100 多个国家重大项目及基础设施工程得以健康发展，人民生活得以改善，社会稳定、经济繁荣，总结探索出一条“自力更生、艰苦奋斗，多快好省”建设社会主义的总路线。

1991 年 12 月 25 日，叶利钦背叛苏联共产党，搞东欧剧变，把当时的苏联总统戈尔巴乔夫赶下台，迫使苏联解体，加盟共和国各自独立，社会主义阵营宣告瓦解。俄罗斯就成为人们印象中原苏联的代表了。

1999 年 12 月 31 日，叶利钦突然宣布辞职，推荐普京出任俄罗斯代总统。2000 年 3 月 27 日，普京当选俄罗斯总统。当选总统后的普京，用铁的手腕治理国家，重振大国在国际上的地位，国民经济逐渐复苏，社会稳定，人民生活得到改善，在连任两届总统后又改任政府总理；2012 年 5 月又第三次当选总统，在现任总统期间，收复了克里米亚。导游张舒展介绍：普京在国民心中的威信越来越高，现在预计公民满意率能达到80%以上。普京上台后，逐步弥合中俄两国的紧张关系，加大国际舞台的合作与交流，顺利解决了中俄边界遗留的问题，不断加强经济领域的互补性贸易，是中国对外贸易的大国之一，尤其是近几年来，普京总统与习近平主席在国际、国内交往不断，中国人民对普京的印象不断上升，习主席讲：要建立中俄世代友好的睦邻关系，中俄关系又达到历史最好的时期。

我们一行是7月27日17时随河南旅行社组织的俄罗斯深度8日游旅行团从北京出关的。当地时间27日晚18时半抵达圣彼得堡。圣城地接社导游张舒展女士带一台奔驰商务车接待包括我、高方斌、刘启刚、杨乔刚、刘子龙、杨佳鑫一行六人。六人中杨乔刚为团的秘书长，住在市中心涅瓦大街旁的四星级酒店。

张舒展女士是山东泰安人，云南美院毕业后，公选公派到圣彼得堡大学读研读博的。她说，俄罗斯历史上很多名人、伟人都出自圣彼堡大学，普京、梅德韦杰夫都是圣彼得堡大学毕业的校友。她来圣城已五六年，本人是中共党员，对俄罗斯及圣彼得堡的历史文化比较熟悉，中国来圣城的政府团及重要客人，旅游部门一般都安排她带团。她介绍：圣彼得堡占地1480平方公里，人口560万，是世界十大旅游城市之一。圣：神圣，彼得：彼得大帝，堡：城市。时差比中国提前五个小时，位于北纬59°线上，每年5月27日至6月27日为极昼，12月27日至次年1月27日为极夜，现在每天只有3—4个小时夜晚，当地人讲：他们是“亮着天睡觉，摸着黑工作”。近几年，来俄旅游人数逐年增加，其中有40%以上是中国人，80%以上是亚洲人。

圣彼得堡——俄罗斯帝国的首都，是俄罗斯国家自豪与荣誉的化身。无处不在的教堂耸立在城市的各个角落，200多处博物馆支撑起这座城市的文化脊梁。彼得堡城始建于兔子岛，在一片沼泽地上建立，建城初期为彼得大帝夫人建的金色金鼎，也称提琴钟楼，高 122.5 米，为尊重彼得大帝，立法规定：城市建筑不得超过金鼎楼，所以整个城市都是五层以下楼房。古老的民间建筑使这座城市显得格外幽静厚重。导游介绍说：越来越多的俄罗斯人及各个国家的人都把圣彼得堡作为休闲养老的最佳选择。

28 日上午，第一站参观彼得大帝夏宫，又称“俄罗斯夏宫”。占地近千公顷，由瑞士人多梅尼克·特列吉尼设计，是历代俄国沙皇的郊外皇宫，也是彼得堡早期重大建筑之一。夏宫分上花园和下花园，下花园是巨型喷泉伴随着一首庄严的俄罗斯音乐在空中绽放，游客都想用相机留下这震撼的一幕。音乐持续 5 分钟，喷泉像一个专业舞者，向世人展示她的美丽。上花园主要是花草、树林、湖泊为主，湖泊中心有个情人岛，供皇上乘舟约见情人。游人多在此休闲、散步、摄影，令人心旷神怡。

下午参观艾尔米塔什博物馆（冬宫），世界四大博物馆之一（其余三大：美国纽约大都会、英国大英博物馆、法国卢浮宫），馆内有 300 多万件收藏品。女皇叶卡捷琳娜二世对美术品收集几近疯狂，馆藏很多极品是其从欧洲高价购回的。馆内金碧辉煌，十分壮观，欧洲历史文化底蕴太深太浓，游客都深受震撼，我的第一感觉：此行值得。

29 日上午，参观喀山圣母教堂。俄罗斯的版图横跨欧亚两大洲，人们大多信仰东正教。走进教堂内，左侧正中是用玻璃间隔的圣母像，依次排队祈祷的游客很多，我们几位都是一生来此一次，也跟随祈祷健康平安，第一次感受到心灵的平静、善良。然后乘车前往滴血教堂，这是世人赞誉它为世界上最美的教堂。经典的洋葱头设计，让整个教堂包裹着一层浪漫奇幻的色彩，其独具匠心的造型和华丽的装饰，征服了每一个站在它面前的人。

下午参观叶卡捷琳娜宫殿“琥珀宫”。宫店正门有一片很大的花园，为当时供皇室游玩幽会之处。琥珀宫最早是德国人的财宝。18 世纪初，普鲁士王国经济发达，国家昌盛，琥珀宫是为庆祝弗里德里斯一世获得国王称号而建筑的。从 1701 年到 1711 年调集各国工匠用 10 年时间建成。琥珀宫面积约 55 平方米，共有 12 块护壁镶板和 12 个柱脚，全都由当时比黄金还贵 12 倍的琥珀制成，“琥珀宫”同时还饰以钻石、宝石、黄金和银箔，蜜蜡雕缝。这些琥珀、黄金和宝石的总数量高达 12 万片，总重量超过六吨，建成后的琥珀宫被誉为是“世界上第八大奇迹”。

30 日上午，参观斯莫尔尼修道院。斯莫尔尼宫建于 1806—1808 年，位于彼得堡市中心，传说是伊丽莎白女皇寿终正寝的地方，现在作为彼得堡市政府办公楼。蓝白相间的色调让人感受到淡淡的庄严，整体格调相似于西班牙的四合院。

下午驱车前往涅瓦大街购物，我买了一顶传说是斯大林赠送毛泽东样式的貂皮帽子。游客中更多的是购买琥珀、蜜蜡等饰品。5 点 30 分，我们乘高铁前往莫斯科。

我们一行久仰的克里姆林宫和红场，按计划安排在 8 月 2 日参观，到莫斯科与导游刘阳商议，凡安排教堂、寺院、博物馆、展览馆，我们就不看了。因此 31 日上午即参观克里姆林宫和红场。

莫斯科地接社的导游刘阳，是江苏省徐州市人，高三时就来到莫斯科读国语，考入莫斯科大学，现在在读博士。他说：来莫斯科七八年了，一直无法适应莫斯科的生活，今年已经 27 岁的他，还是很想回去找个温馨善良的中国姑娘为妻。

克里姆林宫的“克里姆林”在俄语中意为“内城”，在蒙古语是“堡垒”之意，中国翻译按中国的传统习惯后面加个“宫”字才能表达是皇宫之意。是莫斯科的历史文化中心，由许多教堂、宫殿、塔楼等组成。这是世界闻名的宏伟建筑群，享有“世界第八奇景”的美誉。31 日上午乘车到达克里姆林宫大门入口处，导游介绍：这就是普京总统上班要经过的路线，因为是星期天，宫廷院内除左侧办公区不得参观，其它都可以游览参观。

导游介绍：普京刚上任总统时，怕乘车路过市区扰民，乘坐直升机上下班，到当选第三任总统时，为了亲民，改乘汽车上下班，时而也乘直升机。这个神圣的革命圣地，引入我们眼帘的是一座包括教堂、皇宫、钟楼及办公楼在内的建筑群，色彩缤纷而又和谐。宫墙全长 2235 米，高 5—14 米不等，厚 3. 5—6. 5 米，共 4 座城门和 18 个尖耸的楼塔。箭头的顶尖装有红宝石五角星。为了使公民盛世思危，院内广场陈列有 18 根炮管并列摆放的炮王，还有世界最大的钟王。宫墙内林木葱郁，花草繁茂，休闲幽静的花园令人陶醉。办公场所是一座欧式六层建筑，12 世纪上叶，多尔戈鲁基大公在波罗维茨低丘上修筑了一个木结构的城堡，克里姆林宫就是从这个城堡发展起来的。

离开克星姆林宫步行到红场。莫斯科红场，临莫斯科河，与克里姆林宫毗邻，是莫斯科最古老的广场。南北长 695 米，东西宽 130 米，呈不规则的长方形。其知名度可与北京天安门广场媲美。红场在人们心目中有一种神秘感，但红场没有红色。它的地面非常独特，是由巨大的青石铺成，整齐地向远处伸展着，地面上阅兵和行人脚印踏成高低不平的凹凸地面，很有规则地排列着，显得古老而神圣。红场虽说没有我们从电影、电视中看到的那么大，也远不如北京天安门广场开阔，但由于游人众多，颇有气吞山河、八面来风的气势。克里姆林宫通向红场的一座大门上方，有一座高达 10 层的方形钟楼，钟楼上端有个巨大的自鸣钟；广场的一侧是著名的古姆百货商场，这里有来自世界各地的商品，价格不贵。另一侧有外墙是粉红色的俄罗斯历史博物馆，博物馆对面是圣瓦西里大教堂，这是一座由大小9座塔楼圆顶组成的极富特色的教堂。

列宁墓是红场上最重要的建筑，位于红场的西侧正中，与克里姆林宫的红墙及三座高塔媲邻，形成红场的中轴线。列宁墓初建时为木结构，1930年改用红色花岗岩和黑色大理石建造。陵墓一半在地下，一半露出地面，墓内墙壁上饰有透明的蓝色石头。中间庄严肃穆地摆放着装有列宁遗体的水晶棺，供游人瞻仰。墓上是检阅台，两旁有观礼台。由于时间较紧张，参观要排队近一个小时，我们没有去墓内瞻仰。

下午参观胜利广场。1995年5月为纪念世界反法西斯战争胜利50周年而修建。广场上矗立着胜利女神纪念碑，高141.8米，象征卫国战争1418个战斗的日日夜夜。三棱行的碑身，每个棱面上用浮雕板表现了莫斯科等12个英雄城市周围的战斗情景。广场右侧是一组大型喷泉，左侧是常胜圣格奥尔基大教堂，广场后面，有露天的展览，军事强国在这里初露端倪。整个胜利广场，绿树环抱，风景优雅。

芭蕾舞和马戏团是俄罗斯传统的独特的两项文艺节目，尤里·尼古林马戏团又称“老马戏院”，是俄罗斯历史最悠久的马戏院，以俄罗斯历史上著名的小丑明星尤里·尼古林命名。晚七点钟，自费500元在大剧院观看马戏团演出。看完节目乘地铁回宾馆休息。

8月1日，前往谢尔盖耶夫小镇参观。这里有东正教男士修道院。

小镇风景优美，因我们在圣彼得堡看了很多教堂，大家兴趣就不高了。游客多数是亚洲人，半数以上是中国人，难怪有人说：中国人养活了很多旅游城市。

下午驱车前往卡洛明斯庄园，它位于美丽的俄罗斯河畔，早在16—17世纪已成为俄国皇家避暑度假胜地。公园内多个园林景点，各不相同。之后，参观莫斯科大学校园区。莫斯科大学（全名莫斯科国立罗蒙诺索夫大学），学校1755年由教育家M·B罗蒙诺索夫倡议并创办。以师资雄厚、设备完善、高教学质量和高学术水准而享誉世界。该校教授和毕业生有13位诺贝尔奖获得者和世界著名科学家。在世界100所著名大学中排名第12位。

今天是“八一建军节”，晚餐我们以中国传统的方式庆祝节日，用从国内带去的茅台酒，俄罗斯的啤酒、香槟畅饮祝贺。在异国他乡，庆祝建军节，快乐中品尝美味佳肴，大家心情格外兴奋，共同感受到：中国人民解放军万岁！祖国万岁！

8月2日上午，到离机场较近的商场参观购物。当我离开莫斯科前往机场的路上，展望俄罗斯这块富饶辽阔的土地，展望勤劳善良的俄罗斯人民，我再当面问候一声：“老大哥”您好！我们永远是世代友好的朋友啦！下午乘南航5点50分的航班，北京时间8月3日上午9点到达北京机场。我们一行愉快、顺利、安全的结束了俄罗斯的旅游。按老板的安排，梅峰同志在北京大酒店为我们接风洗尘，然后各自返回。

俄罗斯短暂的旅行，圆了我怀念和看望“苏联老大哥”的梦想，也启发个人的一些感悟。

第一，“瘦死骆驼比马大”，这是游人共同的感受。俄罗斯堪称是“地大物博，资源丰厚”的国家。俄罗斯珠宝开采能供世界用300年，有人形容：在波罗的海海滩能捡到琥珀；莫斯科和圣彼得的城区建设，大气厚重，政府下令，前苏联的建筑一律保留，三年维修一次，尽显欧洲建筑的文化风格；莫斯科地铁，始建于1935年，14号线仍在建设中，地铁建筑与人民防空结合，离地面60—120米深，且始建时及为三条铁轨，中间一条供铁轨维修或机车临时停用，因此地铁空间大，通风和亮度良好，防空时可容纳莫斯科三分之二的人口；每个地铁站代表不同地域的文化；下地铁时近200米的电梯长廊令人震撼。

第二，国民待遇优厚。18岁即享有土地分发权，人均六公顷；国民医疗免费、上学免费，前期还有住房分配，现在莫斯科市区住房最好地段不超过人民币2万元一平方米；国民平均年收入8万美元；生活基本无忧；社会秩序良好，我们在俄罗斯7天时间，没有看到过撞车、打架斗殴、盗窃现象；国民素质较高，我乘坐地铁时，一上车就有一位40多岁的男士主动为我让座，我目视他时想到，他代表俄罗斯公民在游客心中的形象啊！共乘坐三站地铁，我亲眼看到有多位主动为老人让座的。我想这就是老牌社会主义国家的公民啊！

第三，欧洲民族文化的底蕴深厚。百年以上欧洲风格的民间建筑比比皆是；以东正教文化为主的教堂建筑宏伟气魄；历史博物馆光圣彼得堡就有200多处，馆藏文物从沙俄时期至德国、意大利等国的珍稀文物都有真品；

第四，俄罗斯人的爱国主义、民族团结的情结浓厚。俄罗斯人长期以来有着强烈的自豪感和优越感，有80%以上的俄罗斯公民为生活在俄罗斯而感到骄傲。使他们感到自豪感的理由主要是：俄罗斯的历史、自然资源、武装力量以及俄罗斯的文化。走在莫斯科的街头可以看到各式各样的文化衫："吃咱们自己的面包"，"没有你们的可口可乐我们照样生活"，"别惹我们的'伊斯坎德尔'（即俄战术导弹）"。这些爱国T恤衫都是俄民间团体免费提供，目的是抗议欧美对俄的制裁，声援俄政府反制裁措施。总统普京曾表示：俄罗斯的国家思想就是爱国主义，其他思想都不用考虑。普京说："我们没有，也不可能有其他的统一思想，爱国没有意识形态化，也不与某政党的活动有关，这与共同的统一原则有关。我们希望生活得更美好，就应该让国家对所有公民变得更加有吸引力。”

听导游刘阳介绍：游客把俄罗斯风情编为十大怪：第一怪，姑娘们身披破麻袋。俄罗斯是盛产美女的地方，漂亮的披肩给美女们又添上浓浓的斯拉夫民族风情和更多的风采，而客游把这些漂亮的披肩调侃为破麻袋。很多来俄罗斯的游客为老婆买几条正宗的破麻袋带回家。第二怪，帅哥们头顶大锅盖。俄罗斯正规军、内卫队、警察以及其它强力部门的军官都戴大檐帽。在世界各国军队中，俄军的大檐帽是最大的，小个子军官戴在头上就像扣了个巨大的锅盖似的，根本不成比例。第三怪，俄罗斯青草白雪盖。俄罗斯秋天很短，冬天却来得非常快。10 月份就开始下雪了，这时候青草还没有变枯。盖上这厚厚的白雪棉被以后，整个冬天草依然是绿油油的。第四怪，干活全是老太太。在俄罗斯各地铁站、火车站、汽车站的清洁工全是老太太；在商店、公园、饭店扫地的也是老太太；在博物馆、图书馆看门、值班的仍然是老太太；就连乡村路边出售自家土特产的还是老太太。俄罗斯老太太忙着发挥余热，主要是为了养家糊口，她们的养老金太少，丈夫和儿子还可能正忙着酗酒，所以“打工族”老太太特别多。第五怪，十二三岁的孩子谈恋爱。俄罗斯是个人口严重缺乏的国家，俄婚姻法规定，俄罗斯公民 14 岁就可以结婚。第六怪，30 多岁当奶奶。孩子 14 岁结婚，15 岁生孩子，30 岁当奶奶是正常的。第七怪，姑娘的大腿露在外。俄罗斯有三宝：伏特加、巧克力、美女。不管多冷天，俄罗斯姑娘都喜欢穿裙子。有些耐寒美女他们裙子的长短和温度高低成反比。第八怪，人高马大床很窄。别看俄罗斯人普遍长得高大，但他们睡觉的床却特别窄。据说，彼得大帝身高两米多，睡的也是一张小床。原来，俄罗斯人喜欢趴着睡觉。许多外国人有过夜里掉下床的经历。第九怪，拉达跑得比奔驰快。俄罗斯人喜欢开快车，这些二三十年前生产、脏兮兮的拉达车，车主大多是车破人胆大，撞了大不了不要破车了，所以抢起路来常把豪华奔驰甩到后面。第十怪，路上要烟不见外。在大街上，不管认识不认识，只要口袋里没带烟，俄罗斯人就会很自然地向路上行人要烟抽。烟友也会乐呵呵地掏出烟送给对方。最近几年，少女吸烟成了俄罗斯的一大时尚。

附　录

一、一位老将军的情怀

——《时代音符》《时代余音》读后感

赵世信*

孔子有言："人无信，不知其可也。"意为人要是没有信用，不知道他还能做什么。而今，被《百家讲坛》主讲人之一于丹教授趣解为："一个人如果连短信也没有，那还怎么混？"

于丹的解释让人莞尔，但其中可以窥出关于"信"字的两条。其一是对于"信用"的道德索求，自古已然。其二则是时至当下，短信已成为人们生活中不可或缺的一部分。

张建中将军与时俱进，将其收到的时下流行物——短信，精挑细拣、分门别类集结成册，《时代音符》就此诞生，《时代余音》是第二册。我有幸先睹为快，爱不释手，书里书外，以短信之"信"，品出了张将军为人之"信"。重情义、守信诺亦是他最鲜明的性格特征。

常与将军交谈，他虽已退休赋闲，但仍时时不忘对党的誓

* 赵世信，河南省人大法工委主任，作家，书法家。

言、对群众的责任。他是一个刻苦勤快的人，不与麻将为伍，不与扑克相伴，把所有精力投入到有益于社会和服务于人民中去，笔耕不辍，先后有《和平树下》《手执橄榄》付梓，近期又主编出版了《河南省国防教育》丛书，该丛书是加强全民国防教育的一部力作。

21 世纪是知识的时代，也是信息的时代。手机的出现，将人与人之间的距离拉近，而短信这种便捷的信息传递方式，则早已不仅具有提醒他人“买酱油”之类的休闲作用，在现实生活中，它已经变成了一种情感的表达和交流，一种文化的传播和碰撞。在人们感慨于失去了纸墨信笺的温馨感受时，短信以它独有的特点，将一份信笺的厚厚情愫，以更高效和更频繁的方式予以补偿。一条条短信，包含了浓浓的情谊，使人从中体会到快乐和幸福。

许多短信息都是人民群众智慧的结晶，都是语言的精华，或风趣幽默，或富含哲理，或大气磅礴，或柔情蜜意，或颂扬光明，或鞭挞丑恶，或祝福祝寿，或相互勉励，即可为文，亦可为诗，甚或言简里精，读之均使人获益匪浅。古有唐诗三百首，今有短信“红段子”，有亿万群众参与的短信“红段子”文化，是记录与反映中华复兴盛世的最佳形式。

如今，虽然每个人都与短信密切相连，但大多数人并不留意，看罢即删。张将军却是个有心人，他从短信中体会到了这种浓浓的情感和文化的力量。从 2004 年他就开始悉心收集短信，去粗取精，去伪存真，并琢磨其中滋味，学习其中道理。在受益其间之际，不忍独享，想让更多的人品读获益，于是从其存录的千万条信息中，认真筛选分类，整理归纳为《祝福篇》《修养篇》《健康篇》《趣谈篇》，最终形成了以时代为特色的《时代音符》《时代余音》。期间耗费的心血，甚至比创作一部著作更加辛劳。

张将军以军人的信条，以党员的誓言，践行着为人民服务的追求，他将短信化作时代的最强音，谱写一曲修身养性的婉约唱词，又借短信言近旨远的特点，对那些浮躁的社会症状，开出一剂固本培元、解热祛寒之良方。

二、将军的国防情结

王全书*

天下虽安，忘战必危。

《孙子兵法》开卷有语：“兵者，国之大事，死生之地，存亡之道，不可不察也。”由此可见，军事力量对一个国家是多么的重要。

我虽非军人，但爱国之心、拥军之情却分外之浓，无论是当初魂牵梦萦一身绿军装的热血青年，还是今天身居省级领导岗位，对民族的忧患意识，对祖国强大的热切期盼，却始终未减。近期，我阅读了建中政委《和平树下》这本书，较全面地了解当代军人、军队、国防的现状和内涵。

细读书中的篇篇力作，可以看到，建中政委对党的赤诚、对国防事业的挚爱、对自己工作的执著态度。书中既有对国际国内军事大趋势的战略性思考，也有对我省民兵预备役的具体解剖；既有各类会议的重要讲话，也有分量很重的调查报告；既有条理清晰的讲课提纲，也有行文清丽的访问杂记……透过这些对工作实践中的所见、所思、所得、所悟进行梳理的文章，我们可以感受到建中政委对国防工作的强烈使命感和责任心。我们在一个班

---

* 王全书，河南省委原副书记。

子里共事多年，我知道建中政委是位对工作极端认真的人，做事讲政治、讲原则、讲大局，尤其是能围绕中心开展工作，一心一意谋发展。他思路敏捷，善抓工作中的主要矛盾，始终以饱满的热情投入到工作中去；他想方设法取得省委领导对军事工作的支持，积极协调方方面面的力度很大，每年的省委常委议军会都开得很成功，解决了许多重要问题。天道酬勤，可以说，在建中同志任省军区政委这8年里，工作是卓有成效的，河南军事工作和国防现代化建设所取得的业绩是有目共睹的，省委是非常满意的。

建中同志数年来为河南的国防建设呕心沥血，在自己的工作岗位上干得有声有色。作为政工干部，他特别善于抓典型，用典型引路，用典型指导工作，这些年省军区推出的典型就有十几个。其中，有为了解决好官兵涉法问题，总结出的全国闻名的“汤阴经验”；有妥善协调部队、地方、家庭三方共管共育的“平舆经验”；有围绕服务部队全面建设，在全省开展的“选送好入伍的、服务好在伍的、安置好退伍的”三好活动；有商丘市选拔退伍战士加强农村基层政权建设的成功做法；有针对市场经济条件下民兵外出务工增多的实际，总结推广出的长垣县加强流动民兵管理的做法；有积极组织民兵参与维护社会治安的内黄经验；有辉县市回龙村党支部书记张荣锁带领群众脱贫致富的感人事迹；有组织发动民兵预备役人员参与扶贫开发的固始模式；有全面促进部队和地方两个文明建设，大力推广郑州市开展“三个光荣”的活动……尤其是协调驻豫部队创造性地开展“热爱河南、建设河南、宣传河南、增辉河南”的活动，更是在新时期河南军民关系历史上浓墨重彩的一笔。这些文章字里行间都浸透了建中政委的汗水。从1996年到2004年，他对河南省的国防工作殚精竭虑，不辞辛苦地走遍了河南的山山水水，走遍了每一个县级武装部，推出了在全国全军叫得响的典型经验，有的还受到了军委领导的高度评价。

和平时期，讲究的是综合国力。其中最要紧的三个要素是经济实力、军事实力和科技实力。一个国家没有强大的国防做后盾，经济建设搞得再好也会受人欺负。科威特的国民收入和外汇储备在世界上都是佼佼者，但短短十几个小时就被伊拉克攻占，血的教训说明，和平时期要坚定不移地坚持以经济建设为中心，同时切不可忽视国防建设和军事工作。要清醒地认识到世界并不太平，霸权主义依然存在。

既然人类无法凭借良知与理性的力量在短期内挣脱战争的魔手，那么，睁开慧眼，正视战争，便是没有选择中的最佳选择。

国防工作是一个沉甸甸的话题。

河南自古是兵家必争之地，兵要地志不仅彪炳着历史的峥嵘与辉煌，同时也孕育了9700万中州儿女赤诚报国的英雄之气。面对世界经济一体化，面对现代战争带给人们的种种惊悸与启迪，面对中原崛起的伟大历史使命，我们无论是作为人民武装力量的一员还是普通的党员群众，都要像建中同志和他的战友们一样，把祖国的强盛安危时刻挂在心上，潜心研究工作规律，在神圣的岗位上燃烧青春，放飞绿色的梦想，以践行男儿的报国之志。

掩卷长思，《和平树下》一书军事价值颇高，特别是对我省的国防建设具有重要的参考价值，其对工作的辨析性和指导性都很强。相信对热爱国防事业的读者来讲是有所裨益的。

三、将军的异国情怀

王明义*

在世界一体化的今天，世界变得越来越小，人们的交往也变得越来越频繁，世界各国的文化交流日益增多，在这个风云激荡，日驰千里的时代，人们已不再囿于周边的小天地，而是视野更加开阔。随着我国综合国力的提升，思想上的大解放，迈出国门，借鉴和领略异国风情已成为一种不可阻挡之势，国民出国旅游已成为一种时尚，随着经济水平的提高，人们已不再满足于吃饱穿暖而是更注重精神的富有。但大多“出行者”是走马观花，一饱眼福，真正能在心里留下“底片”形成思考并留下精神财富的少之又少。

“水无常势，兵无常形”是孙子兵法中的名言，言之情势在万千变化中。一个戎马一生，久善思辨，精于帷幄千里的将军，在卸甲退休之后能以特殊的视角，吸天下山水之灵气，纳异邦风土人情之风采，进一步内修自己的精神情操，拓展自己的高阔眼界，于云卷云舒、高山大漠的影像中直寄情思，于斑斓瑰丽、荡气回肠的自然造化中穿越历史，堪称大智大略，风流人物也。

胡锦涛总书记在十七大报告中提出了构建和谐社会的理论，

---

* 王明义，河南省委原常委、河南省人民政府原常务副省长。

希冀和世界各国人民一道谋求和平进步，和睦相处，和谐发展。建中政委把一生都贡献给了国防事业，最理解战争与和平的辩论关系。《手持橄榄》让我们从中看到了这位铁血将军的另一面。文如其人，我从中不仅欣赏到了他优美的文笔，也从中读懂了他是一个有情有义的文武双全的军人，更从中看到了他铸剑为犁，热爱和平的赤子之心。

古人讲读万卷书行万里路，我认为“行”就是学习的过程。这本书充分体现了他善于学习的精神。作为领导，他的出行大多都是公务访问，是和平的使者，因此名为《手持橄榄》。文中的资料大多与军事工作无关，但文中所表述的内容，都是他看到的、听到的、悟出的道理，真实感人，体现了他善于研究问题的作风。文中都是陈述异国他乡的风景、风情的，他研究提出和感悟出的道理值得学习，且有一定的规律性，这些都体现了他善于收集和积累资料的严谨态度。文中的图片资料是他亲自拍摄的，亲自整理的，作为领导干部都是非常难能可贵的。

四、志趣高雅快乐多

——《怡心集》读后感

侯丰田*

近期，我认真拜读了张建中政委的新作《怡心集》。回忆起我在其领导下工作数年，老首长的人品官德、工作政绩，给我留下了深刻的印记。

退休后生活该怎样度过才有意义？是陶醉过去的经历、迷恋昨日的风景，还是尽快转换“角色”，开启新的生活？这是每个退休人员包括高级领导干部都避不开绕不过且必须回答的问题。对此，张政委在《怡心集》中作了很好的阐释和回答。西方有句谚语：“上帝给你关上一扇门，还会给你打开一扇窗。”作者透过退休后新打开的这扇“窗口”，领略享受到的是灿烂的阳光、别样的景致、习习的新风、愉悦的心情和健康的体魄。该书是作者的所见所闻所悟，“写的都是生活中平常人、平常事、平常理”……但掩卷思索，却是平中寓新、平中蕴深、平中见奇。

人们在许多节日的问候祝福中，健康快乐是最常用的词语之一。可以说，健康快乐是衡量人们幸福指数的重要尺度。健康是幸福的前提，快乐是生活之花。享有健康快乐，是无数人的长期

---

* 侯丰田，原济南军区司令部办公室副主任。

梦想与追求。作者成功地踏上了健康快乐列车，日夜兼程，不辞辛劳，收获颇丰。

阅读《怡心集》，透过书中那质朴亲切的文字和图片，使人强烈地感受到，作者特别善于：

在读书中寻乐。作者深知“养生莫若寡欲，至乐无如读书”，退休后认真阅读了30多本有关市场经济的书籍及大量名人、学者的论著。并联系实际，善于思考，辛勤笔耕，佳作频出，持续向社会传播着正能量。

在游览中取乐。除游览祖国的伟人故里、名山大川外，作者充分利用退休后时间充裕的良好条件，走出国门，到过欧洲、美洲、非洲等20多个国家和所辖的部落，去亲近大自然，游览名胜，在观山赏潮中陶冶着自身的情操。

在运动中生乐。着眼健身和开心，作者自觉践行生命在于运动，运动贵在持久的理念，多年来坚持走路、游泳，练习书画、写作，打斯诺克和高尔夫球，并尽力远离牌场、多去体育场，少去酒场。

在交往中增乐。作者坚持把读万卷书、行万里路与阅人无数有机结合起来，无论是在游览观光运动健身，还是日常的生活中，很注重与他人的交往。既不忘老友，又结交新朋，在与不同层次、不同人群的交往过程中，既彬彬有礼，又亲切、自然、大方，不仅增进了与他人的友谊，同时也使个人心中充满愉悦。

在奉献中求乐。作者退出领导岗位后仍担任河南省老龄事业发展基金会名誉理事长、河南省老区建设促进会副会长、河南省环保联合会副会长等职，时常到一线调研，督导工作落实，并主编创作出版了河南省国防教育丛书等多部著作。作者还坚持尽忠与尽孝的统一，为感恩和悼念父母，注重传承“祖传耕与读，家训勤尤检”的良好家风。这样做，既告慰先辈，又启迪后人，意义十分深远。

作者近十多年来坚持奉献社会与健康快乐兼备，实在令人敬佩。呈现如此精彩的人生，主要在于志趣高雅，勇于实践，贵在专注。根本动因是作者始终具有崇德向善、不断进取的人生追求，不满足于从士兵到将军的辉煌，退休后仍始终不忘共产党员的身份，不忘对党的誓言对群众对社会的责任。其间，作者在发现养成自己高雅志趣的过程中，有一种特别可贵的品质就是专注力。哈佛大学心理学家朗格说过："专注力是心理长寿的基因，付出更多的专注力，能够抗衰。"阅读此书不难发现，作者在读书、运动、游览等方面每做一件事，均呈现一种较为持久的专注力，用心参与，留心观察，细心积累，精心创造。

在老年化程度加速推进的当今时代，愿更多抱有健康快乐梦想的人阅读《怡心集》，相信一定会得到许多有益的启示和感悟。

五、将军风采录

李卫东*

金秋10月，在绿城郑州纬一路一家四合院内，红色的石榴挂满枝头，长长的吊瓜在棚架上摇动，嫩绿的萝卜铺满菜地，黄色的桂花透着芳香，竹园内小鸟在叽叽喳喳地叫，在喧嚣的城市里，这里如同一块世外桃源。原河南省委常委、省军区政治委员张建中将军就在这田园般的生活环境里享受天伦之乐。

1961年，从沭阳县就读高中二年级的张建中，受参加过抗日战争叔叔的影响，投笔从戎，应征入伍，来到原济南军区所属的一支英雄部队服役。由于文化程度比较高，参军第一年，被团党委推荐到军区测绘训练大队学习。几个月的刻苦学习，将军很快成为一名品学兼优的测绘兵。入伍第三年，直接被提拔为干部。从军四十多年，先后担任过排长、干事、股长、处长、军区司令部直工部长、军区政治部秘书长、集团军政治部主任、省军区政治委员、河南省委常委。在每一个岗位上，将军都是职务最年轻，也是优秀的指挥员。

把握全局，小中见大，是将军突出的领导艺术。在担任济南军区秘书长期间，先后在原中央军委副主席张万年、迟浩田麾下

* 李卫东，河南省军区司令部办公室原秘书。

工作，直接为军区主要首长出谋划策，协调解决政治工作中的热点和难点问题。当时，整个济南市煤气供应十分紧张，政治部机关干部做饭使用的煤气几乎断气，影响正常生活。作为秘书长的他对此十分重视，一会儿跑胜利油田、一会儿跑煤气公司，并积极组织筹建煤气站，三个月内就解决了机关干部的生活煤气供应。连军区首长也没有想到，在如此之快的时间内就解决了这个棘手问题，感动得机关干部齐喊感谢张秘书长！

加强沟通，密切联系，是将军独特的协调艺术。将军在河南省军区政委的岗位上工作八年，是省军区历史上担任同一职务时间最长的政委，同时兼任省委常委。他先后与中共中央政治局常委李长春、李克强，全国政协副主席陈奎元，以及原省委书记马忠臣同在一个班子工作。他积极发挥军事常委的作用，为省委在支援部队建设和处理军政军民关系方面献计献策。河南驻军很多，陆、海、空、二炮部队都有，还有几所部队院校。在战备训练中，军地之间难免产生一些矛盾，在协调处理这方面问题中，他始终围绕济南军区党委和河南省委的意图开展工作，大事讲原则，小事讲风格，及时沟通，化解了许多矛盾，促进了河南省军政军民关系的新发展。他还积极协调驻军开展“热爱河南、建设河南、宣传河南、增辉河南”活动，广大官兵视人民如父母，把驻地当故乡，积极为河南经济发展和社会稳定作贡献，使河南的双拥工作跃上了新的台阶。

深入基层，一线指挥，是将军一贯的工作作风。河南有 18 个地级市，160 个县（市、区），地域广阔，人口众多。只有深入第一线，才能掌握第一手情况，开展工作才有针对性，这是将军经常告诫自己和要求部队做到的。他在任政委期间，跑遍了所有县级人武部和预备役部队，在将军的指导下，涌现出一大批在全省乃至全国有影响的典型。编外雷锋团、汤阴经验、三好活动、长垣模式等经验至今还非常有生命力和时代性。2000 年仲夏，河南降雨比往年明显增多，漯河沙澧河洪水暴涨，河堤坍塌。得知此消息，将军亲临沙澧河抗洪抢险一线指挥，他第一个跳上冲锋舟指挥部队抢险救灾，亲自指挥自己乘坐的冲锋舟抢救被大水围困的多名群众。然后又组织部队堵塞冲破的河堤。连续奋战十几个小时，这才坐下来吃一块带来的饼干，喝一口矿泉水。参加抗洪的军地领导深深地被将军的果敢所折服，被将军为了人民利益不顾个人安危的精神所打动。

热爱家乡，筹资办学，是将军对故乡的眷恋之情。2000 年将军回到了阔别多年的故乡，当走进当年就读小学的母校，看到破旧的校舍时，心头一阵酸楚。当时就对工作人员说，母校如今还是这个样子，我们有责任呀！回到郑州后，将军为自己母校的状况感到心里不安，数日难以入眠。从来不为自己的事情说话的他，见到老战友、宏光实业集团总裁张辉同志，第一次放下领导架子，给他介绍母校的情况，寻求支持。张辉同志一贯关心支持社会公益事业，将军心系家乡，关心教育的精神，打动了张总，他慷慨解囊，很快就筹到几十万元资金，及时汇到母校。他还通过电话多次叮嘱茆圩乡和学校领导，一定要保证质量，专款专用，为孩子们建一所漂亮的校园。

关心国防建设，关心社会事业，是将军退休后的风采。虽然将军已经退休多年，但他一直活跃在各项社会活动中。尽管他在位期间筹资建成了河南省国防教育基地，他觉得作为国防教育系统工程来说，还不够完整。他组织几位退休的战友，向省委、省军区写报告，得到了省委书记徐光春同志的支持，并指示要求军地有关部门积极支持这项活动。他们四处搜集资料，编写河南省国防教育系列教材。将军还热衷社会事业，他还担任了河南省革命老区建设促进会副会长、河南省老龄事业发展基金会名誉理事长、河南省环保联合会副会长、河南省江苏商会名誉会长等职，只要是对社会有益的活动和事业，他都积极带头参加。

将军不失江浙人的机智和幽默。2001 年，时任全国人大常委会委员长李鹏来河南视察工作，将军作为军方的常委参加送行宴会。李鹏委员长德高望重，参加宴会的地方领导同志比较拘谨，三杯之后，宴会略有点冷场。这时面带红润的将军离开座位，走到委员长面前，先是敬了一个标准的军礼，然后恭敬地说：“我给首长敬两杯酒，第一个是敬尊敬的委员长酒。”说话的同时给委员长端起酒杯，委员长高兴地一饮而尽。“还有一个什么酒?”委员长反问。“第二个酒是给敬爱的总理敬个酒。”长期主持国务院工作的李鹏同志听完此话，非常激动，多少感慨油然而生。他主动让工作人员又倒上一满杯，委员长夫人朱琳同志也站起来陪上一杯酒。委员长再次一饮而尽，并风趣地对将军说，“你可是一个红脸关公呀!”将军的举动一下子把宴会的气氛活跃起来，整个宴会一直在欢快之中进行。宴会之后，马忠臣书记拉着将军的手说：“张政委呀，你今天又立了一功啊!”

我在将军身边工作多年，以一首藏诗表示对首长的敬仰。

张公戎装五十春，
建军强省誉中原。
中华百年梦圆时，
诗载将军史册颂。

后　记

2004年，我退出河南省军区政治委员的岗位后，开始回首往事，回忆走过的路，回忆交过的友，回忆办过的事，思考前60年工作生活的经历，筹划如何将退休生活过得充实、健康、快乐。

为了使童年往事更加真实，我委托妹夫韩秀军同志经常与我母亲交谈，把我的童年、家事记录整理出来。我还利用退休后每年回家探望亲友的时机，有意识地找我小学、初中、高中的同学、老师交谈，与亲友和邻村的同龄人交谈，回忆我入伍前的学习、生活状况。这三章，我花费的时间较长。

入伍后的纪实，主要是通过查找军队有关文献、大事记，回忆当时与我工作有关的背景；通过与战友、首长叙谈，回忆我工作的经历。1985年8月，我任济南军区司令部直属工作部部长至今，我坚持每天写工作记录，重要活动及时写日记，印象很深的用散文记录整理出来，资料比较充实。40多年的军旅生活，工作调动和搬家比较多，资料查找和整理确实费了很大工夫。

《两岳铸剑》这本书，主要是回忆我在山东、河南部队的工作纪实，力戒自我表扬，没有更多评论。但是由于年代久远，又是本人“闭门思续”，由于个人看问题的角度不尽相同，肯定有错误和不当之处，恳请战友、朋友们批评指正。

本书整理过程中，张辉同志为我提供很好的学习工作环境，侯丰田、王德波、王建博同志对部分章节作了修改充实，李峰、李雯同志在资料整理、打印中给予很多帮助，军旅书法家张鹏同志为本书题字，还有很多老战友为我提供资料，在此一并表示感谢。

张建中

2016 年 10 月于郑州

图书在版编目(CIP)数据

两岳铸剑 / 张建中著. —郑州 : 河南人民出版社,
2017. 12
ISBN 978-7-215-11020-5

Ⅰ. ①两… Ⅱ. ①张… Ⅲ. ①张建中-回忆录
Ⅳ. ①K825.2

中国版本图书馆CIP数据核字(2017)第110426号

河南人民出版社出版发行
(地址:郑州市经五路66号 邮政编码:450002 电话:65788060)
新华书店经销 河南瑞之光印刷股份有限公司印刷
开本 710毫米×1000毫米 1/16 印张 15.5
字数 193千字 彩插 24
2017年12月第1版 2017年12月第1次印刷

定价:58.00元